ちくま新書

宗教学の名著30

島薗 進
Shimazono Susumu

744

宗教学の名著30【目次】

III 近代の危機と道徳の源泉 093

IV 宗教経験と自己の再定位 127

Ⅶ ニヒリズムを超えて 237

はじめに

†宗教学とは

宗教学は発展途上の学である。すでに熟成して果汁がしたたり落ちるような学問分野も、あるいはすでに衰退の相を示している分野もあると思うが、宗教学はまだ若い。青い果実の段階だ。というのは、その望みが大きいからである。宗教学者の中にはすでにその内実は十分に整っていると言いたい向きもあろうが、果たすべき課題の大きさを考えるとまだまだ先は長いと私は思う。「未来」の学とも言えるし、なお「未熟」とも言える。

まず、古今東西を見渡して、安心して「宗教」という言葉を使える段階に至っていない。「宗教」だけではない。西洋中心の宗教観にのっとって形づくられた諸概念を超えて、世界各地で通用する概念の道具立てがまだまだ明確ではない。一九六〇年代以来、「宗教」という概念が近代西洋の考え方の偏りをもっていることが鋭く批判されていて、それにかかわる「宗教」理解が願われているが、なお堅固な基礎をもった方針が形成されていない。

壮観の長い歴史をもつ哲学（西洋哲学）や歴史学や文学研究、近代に強力な方法論的基礎づけが行われた社会学や心理学と比べると、その土台はまだ固められていない。だが、がっちりした伝統の枠がもつ閉鎖性に囚われにくいという利点もある。「専門家」になりきれないというのが、多くの宗教学者の悩みであり、誇りでもある。

これだけを学べば宗教学の基礎ができるというような基礎構造がないのは辛い。だがまだ柔らかいので、可能性に富んでいる。既存の土台に安住できないだけに、創造的革新がすぐそこに見えるとポジティブに考えることもできる。実際、宗教学に取り組むとものごとを根本から問い返さざるをえない場面が多い。

宗教を研究する方法もさまざまであり、哲学、歴史学、心理学、社会学、文化人類学等のさまざまな方法が活用されてきているが、それは宗教学としての共通の方法的基盤がないので議論が集約されにくいということでもある。研究者それぞれが、創意工夫によって組み立てていかなくてはならない要素が多いのだ。

個々の宗教についてその教えに即して考えることで十分であり、諸宗教を視野に収めて広く宗教を問うということの意義をさほど認めない人たちもいる。キリスト教学（神学）や仏教学やイスラーム学など、特定宗教伝統の指し示すものを求める研究こそが究極の真理に近づく道だとする立場の人もいる。あるいは自らの担当範囲は特定宗教内にとどめておいてよいとし、他宗教について熱心に研究したり教えたりする意義は薄いとする立場もなお根強い。

多くの発展途上国では、今なお宗教学が地位を得ていない。宗教学がいちおう認知されている国でも、その国の多数派の宗教伝統の研究や教育にはるかに重い意義が与えられていて、宗教学は片隅に追いやられていることが少なくない。

†越境する知としての宗教学

だが、宗教学は未来に豊かな可能性をもっている。人類は未だに諸宗教の間の厚い壁を超えることができないのだが、それを超えていくことが必要であるという認識は急速に広がってきている。その際、宗教学的な知識や思考法への社会的需要が高まるのは自然の勢いである。初等、中等教育レベルでの宗教知識教育や宗教文化教育も各国でそのあり方が検討されており、今後ますます必要性の認識が高まるだろう。

宗教の間の壁だけではなく、伝統的な学科間の壁についても同様なことが言える。宗教について深く考えてきた人たちは、既存の学問的枠組みを超えた脱領域的な人たちが多い。彼らの場合、宗教理解のある地平を切り開くことが、新たな学問的世界を切り開くことに通じていた。

本書Ⅰ章、Ⅱ章で取り上げるヒュームやカントやニーチェは哲学の眺望を大きく変えた人々だったが、その省察の根底に独自の宗教理解があった。Ⅲ章で取り上げるウェーバーとデュルケムは社会学を確立した二人の巨匠だが、その際、宗教研究が決定的に重要な媒介となった。Ⅲ章、Ⅳ章で取り上げるジェイムズやフロイトは心理学を通して新しい人間理解の方法を編み出した人たちだが、宗教論はその新しさの核心に関わっている。

宗教学は個別学科の枠を超えて人間についての洞察を深めた人々に多くを負い、そこから新たな学的枠組みを構築しようとして来た。Ⅴ章で取り上げるエリアーデのように自らを「宗教学者」と位置づけた巨匠もいる。宗教学の独自性を強く打ち出そうとした学者の系譜をたどる宗教学史も考えられないわけではない。

だが、今では人文学の中で新しい堅固な学科を組み立てることの意義が疑われている。意義深い研究は学際的な取り組みから生まれてくる方がむしろふつうである。現代においては、輪郭がアバウト気味でも柔軟に諸方面に触手を伸ばしていけるような学問研究の進め方が望ましいのではないか。

あまり私が通じていない分野について述べることはつつしまなくてはならないが、宗教研究については確かにそうである。当然のことながら、過去の「名著」を取り上げる場合も、狭く「宗教学者」の系譜をたどるよりも、広く宗教理解、宗教理論の諸成果を継承することの方がはるかにおもしろい。

†来るべき宗教学の展望

以上のように考えて、この本では来るべき宗教学を展望し、広く人文学、社会科学を見渡して宗教理解、宗教理論の名著を選んでいる。必ずしも宗教を焦点としていない書物、宗教も関心の一部にすぎないような書物も宗教理論史上の意義という観点からあえて取り上げている。

ここに集められたような書物が切り開いてきた理論的水準や多様な学知から示唆される知の領域を、より明確に宗教という対象に即して展開していくところに未来の宗教学が姿を現してくる。そういう意味合いの選書となった。

「来るべき宗教学」というのではあまりに漠然としているので、おおよその輪郭づけをしておこう。宗教学は宗教を人間の事柄として考察する。そして、宗教の考察を通して奥深い人間理解に到達することを目指すものだ。

それは特定の文明・文化伝統を超えて、人類の諸文明・諸文化を視野に入れている。その意味で特定文明・文化の伝統に依拠してきた既存の哲学や思想史や文化史研究を超えた広い視野を持っている。新しい学たるゆえんである。

心理学や社会学も特定の文化伝統を超えた人間理解を目指すものだろう。だが、それは「心」や「社会」を人間総体から切り離して、専門知を領域化しようとしてきた。それはそれで意義深いことだが、現段階の宗教学が求めるのは、そうした専門知の領域化ではない。他方、文化人類学との対比でいうと、専門知の領域化が困難だという点で悩みと利点を共有するが、宗教に対象をしぼっているところに相違がある。

だが、その「宗教」が明確な輪郭をもつ現象ではないと考える。過去の宗教学の中にも「宗教」という特定の領域を区別できると考え、「宗教」そのものをその固有の領域にふさわしい方法で研究するのだと志す潮流があったが、それは豊かな実を結ばなかった。「宗教」は輪郭づけて囲い込むことができるような領域ではない。

本書の諸処で述べるように、宗教はそれ以外の諸領域と融通無碍に通じ合っている。遊びや芸術、死や笑いや暴力、言語や身体、母子関係や社会階層について考察することと、宗教を奥深く理解することとは大いに関わりあっている。

とりあえず、「宗教」は人間の聖なるものとの関わりとして、あるいは包括的（究極的）な意味連関への問いにそって人間生活を組織化するシステムとして特徴づけることができるだろう。キリスト教や仏教やイスラームや道教や民俗宗教について、個別事例を突き抜けて普遍的な人間理解を目指したり、多様な様態を比較しながら考察し人間理解を深めてきた学知には相当の蓄積がある。

そのような学知の蓄積を踏まえ、宗教に関わる事柄を取り上げながら、人間とは何かを考察していくのが来たるべき宗教学だ。それは隣接諸学との間で明確な領域区分をもうけることよりも、人間理解という共通の課題にともに取り組むことの方に情熱を傾ける。これまでの学問史のなかで、そのような企てにとって近しく大いに参考になる業績に目をつぶる必要はまったくない。「朋あり遠方より来たる」。過去という遠方から訪れる学友であり、宗教学フォーラムの大いに歓迎すべきゲストなのだ。

†宗教学のおもしろさ

宗教学は「おもしろい」学問（のはず）だ。宗教学の名著といえば、人間について、世界について、社会について奥深い洞察を示した書物を期待してよい。すぐれた宗教理論家は、文学や芸術に深い造詣をもっていることが多い。

本書で取り上げた著者の多くは、文学者とよんでもよいような人たちだ。込み入った方法的な論議にとらわれるのは、本題からはずれることだと言いたげな人がちらほらいる。個性的なのでなかなか追随できない人も多い。「おもしろい」とは「むずかしい」ということにもなろう。

「おもしろい」ということのもう一つの意味は、自分自身の生き方や考え方の核心に関わるようなことが考察されているということでもある。かつての哲学や文芸学には人間の生き方や考え方の根本につねに立ち返るような姿勢があった。

今でもそうした側面は残るものの、哲学も文芸学もますます専門化して、個別の問題領域で洗練された知識を育てることに関心が向かいがちである。宗教学でもそのような傾向は見られないわけではない。だが、宗教学の場合、宗教自身が苦悩や喜びの経験に深く関与し、実存的な関心を露わにするような場合が多いだけに、人間の生き方、考え方の根本というところから離れるのは難しいという事情がある。

自分がさほど関与していない宗教を「研究対象」としているとしても、何らかの形で自らの生き方自身が問われることを避けがたいのだ。宗教を論じるときは、著者、学者自身の実存的関心が露わに出やすい。これも宗教学がおもしろいことの大きな理由である。

本書では、三〇冊の名著につき、以上のような意味での「おもしろさ」が際だつような解説を心がけたつもりだ。「むずかしさ」を克服すべくできるだけ具体的な実例をあげるようにしたが、どこまで解きほぐすことができたか、読者の判断に委ねなくてはならない。ちっとも「おもしろくない」とすれば、何よりも私の力不足故である。

†本書の構成

全体はⅦ章に分けた。Ⅰ章からⅢ章までは、おおよそ歴史的時間にそって名著を配列してある。Ⅰ章では八世紀から一八世紀までの突出した知性による宗教論から、その後の近代的宗教理解を先取りするような視点を拾い出そうとしている。一八世紀後半のヒュームまで来れば、「宗教を問う」近代的な態度はもう十分に熟している。

Ⅱ章では、西洋の伝統的学問を支えてきた形而上学的前提が瓦解していく過程と宗教学の成立を関連づけて考えながら選書している。一七九九年に『宗教論』を書き、キリスト教神学者となったシュライエルマッハーを狭い意味での宗教学の祖の一人とすることに異論はないだろう。だが、その仕事の意味はカントやニーチェのような近代哲学の巨人と関連づけ、「形而上学以後」について考えることでよりよく理解できるだろう。ラヴジョイは二〇世紀の思想史家だが、その著書は一八世紀、一九世紀西洋思想のこのような展開を明快に展望しており、近代宗教思想史や宗教学史の名著と位置付けうるのでここに配置した。

Ⅲ章では一九世紀の末から二〇世紀の初めにかけて、「近代の危機」が露わになってくる時代に、社会秩序と宗教の関わりについて深く問うた人々を取り上げた。供犠や王殺しに注目したフレイザー、フロイト、デュルケムの洞察、宗教と近代性の関係をアイロニカルに問うたウェーバーの洞察は「外」からの宗教理解の土台となるものだ。

Ⅰ章からⅢ章までは、歴史的な順序にそっている。八世紀末から二〇世紀初めまでかけ足でやって来たのだが、Ⅳ章からⅦ章までは二〇世紀のさまざまな時期の宗教研究の業績を、三つの方向性にまとめてみた。

Ⅳ章は宗教経験についての深く独自な理解を示した書物を取り上げている。ジェイムズ、姉崎正治、ブーバー、フィンガレットはそれぞれ、キリスト教、仏教、ユダヤ教、儒教を素材として、自らの実存的な関心が見透かせるような宗教論を提示している。近代的な個の意識と相関する事柄として、宗教経験を捉え返そうとした人たちだ。読者にも「私自身の自己意識のよりどころは何か」という問いかけが投げかけられるような書物である。

Ⅴ章は宗教的な思考法や態度が、実は人間生活の広い領域に及んでいることを示した人たちの論考を集めている。柳田国男、ホイジンガ、五来重は「日常生活の研究」の先駆者たちだ。ふつうの人々（柳田は「常民」とよんだ）が何を感じ、何を考え、どのように生きていたのか。遊びや説話や芸能や旅――その背後には宗教があった。

エリアーデは「古代人」「未開人」を念頭に置きながら、宗教そのものを解明しようとした。だが、とくに焦点をあてたのは、コスモロジー（宇宙論・神話的思考）だった。大いなるコスモスを実感させてくれるアルカイック（原初的）な象徴や儀礼のあるところ、そこに宗教が息づいていると考えられている。

Ⅵ章で取り上げたのは、他者の信仰生活を内在的に理解する試みの超一級品だ。人々はなぜ神や霊に、神話や秘教的教説に熱い思いを注いだのか。距離を意識しつつ共感する。そのような位置から宗教生活のひだに分け入るような繊細な理解がなされていく。

アメリカ合衆国の移民や説教師たち（リチャード・ニーバー）、ユダヤ民衆と神秘思想（ショーレム）、ニューカレドニア島の原住民（レーナルト）、ネイティブ・アメリカンからソビエト作家の描く地域住民まで（エリクソン）、コーランのテクストが反映する人々の意識（井筒俊彦）——対象も方法も多様だが、「生の形」の分厚い記述の魅力を何とか伝えたい。

なお、Ⅳ章からⅥ章までは、取り上げた書物をどの章に配置するか大いに迷う場合が多かった。つまり、この三章は内容的に大いに通じ合っているのであり、明快に区分できるわけではない。しいていうならⅣ章は宗教心理学的なアプローチの色彩が濃く、Ⅴ章とⅥ章はいくらか歴史学・文化人類学・社会学の方に傾いている。また、博識家の知的冒険の趣があるⅤ章と比べると、Ⅵ章は宗教文化と現代人との距離の測定に独自の配慮があり、そこに緊迫感がある。

Ⅶ章は野心的な思想家の宗教理解を取り上げている。「神が死んだ」という意識が当たり前になってしまった時代、意味喪失とニヒリズムがいよいよ深まりゆく時代に、だからこそ宗教（的なもの）の支えが不可欠であると信じた人たちだ。現代人を魅了する迫力ある思想家たちだが、宗教理解の独自の地平を切り開いた人たちでもある。

ヤスパースとジラールは西洋主流の宗教伝統の再興を目指し、バタイユと湯浅泰雄は西洋合理主義のネガ、あるいは盲点に注目して新たな宗教観を示そうとしている。だが、西洋近代のモノローグ（独我論）的自己意識を克服するための理論をもっとも周到に整えたのはバフチンだろう。宗教論者とは見えにくいバフチンだが、文化研究の総体的革新を目指したバフチン理論の基底には独自の宗教理解があった。

以上、あらましを説明してきた七つの章は、初めから意図して設定したものではない。三〇冊をああでもないこうでもないと並べ替えてまとまりを作り、それらに章題を付けたものである。だが、章題を付けてみると、なぜそれらの著作が一つのまとまりにされたのかを説明したくなってきた。そこで、各章の扉の裏にその章題の意味するところについておおよその説明を記した。

各章がある種の意味づけを与えられると、この本全体が「来るべき宗教学の形成史」として、ある構想をもって叙述されているかのようにも見えてくる。けっして初めから明示的にそう意図したわけではないが、潜在的にはそういう意図が含まれていたと述べてもいいと思う。長年、宗教学とは何かについて考えてきて、主題化することはなかったものの「来るべき宗教学のための著作系譜」の作成を構想し続けて来たと言えるからである。「宗教学の名著30冊」についてまとめるようにとお誘いいただいたとき、これはひそかにこの懸案に取り組む好機だと直感した。本格的に研究書や教科書をまとめるということではなかなか取り組めないが、新書の形式なら蓄えてきた考えを集中できるのではないかと感じた次第である。その意味でこの企画は私にとってありがたい恵みだった。

三〇人の著者、三〇冊の名著を解説する仕事はなかなかやっかいだが楽しいものでもあった。著者の仕事の全体像の紹介に力を入れた場合もあるし、一冊の書物の紹介に集中したものもある。著者の息づかいを伝えるため、引用文を多用した。また、各著者、書物のおもしろさを印象的に述べるために臨機応変に書き進めた。

三〇冊という限度のために、やむをえず取り上げられなかった書物がいくつもある。今日の視点から見て、取り上げた書物よりも重要性が高いが、全体のバランスの上から拾えなかった書物が少なくない。「バランス」というとき、対象や分野や立場や方法の上で適切な広がりがあることと、時間的・地理的な分布の上からも多様性が確保されることの双方が必要だと考えた。

広がりと多様性を尊んだために、私の素養が及ばなくて苦労したことも確かである。背景となる知識が不確かな著者、書物も多く、たくさんの参考書にお世話になったが、新書という形式のため参考文献の列挙は省略せざるをえなかった。それぞれの著者、書物につき、私の理解の足りないところを質問させていただいた方々も何人かある。お名前を上げるのは略するが、この場を借りてお礼を申し上げる。

用いた書物、校注書、訳書、関連書のリストは本書の最後に記している。手に取りやすいものをあげるように心がけ、巻末に挙げてある。

日本語古典の現代語訳も含めて、訳書にはたいへんお世話になった。複数の訳書等を利用した場合、本文の引用に使わせていただいた書物を太字で最初に掲げてある。名訳とよぶべきものが多く、訳者の方々には深く感謝している。理解しやすくするため、また叙述の一貫性を保つために訳文を変えさせていただいたところがあるがご容赦いただきたい。なお、引用文中の［　］の部分は、とくに断っていない場合、文意がわかりやすくなるように私が書き加えた注である。

本書の執筆を進めるうちに、私自身の宗教観を繰り返し問い直さざるをえなかった。多くの発見があって、ときに歓声を上げたくなるようなこともあった。もっともっと読み込み理解を深めたいと思いながら、各著者、著作につき「とりあえずまとめておく」こととなった。

本書はその主旨からしてデッサン集のようなものであって、叙述の暫定性は覆いがたいところだ。短いスペースで大きなことを述べようとしているため、裏付けが足りないところが多々ある。だが、それは読者への促しともなりうるだろう。読者の皆さんが各著者、各著作をそれぞれに読み深めていくきっかけになることを切に願っている。

二〇〇八年四月

島薗 進

Ⅰ　宗教学の先駆け

宗教学は一八世紀中葉から末にかけての西洋において原型が成立したと考える。ヒュームがスタートラインの手前に立つ人物だ。ヒュームに焦点を合わせるのは、西洋の形而上学の解体と宗教学の成立を関連づけて考察してみたいという、本書の伏線の一つと関わっている。

近代人が慣れ親しんできた「宗教（religion）」概念は一七世紀以来の西洋の「自然宗教」論に由来する。当時の人々は神から与えられた人間の理性の行使によって、神の実在を証明することができると考えた。そして理性が示す合理的宗教を、キリスト教などの「啓示宗教」と区別して「自然宗教」とよんだ。形而上学的思考法の解体寸前の段階の宗教論だ。

ヒュームは自然宗教論を意図的に克服して新たな宗教論を構想した。そこからカントやシュライエルマッハーの宗教論が生み出されて宗教学の原型が形をなしてくるが、それはⅡ章の課題となる。

ここで起こった革新の先駆者を名指すとなるとなかなか選択が難しい。ここでは、諸文明・諸文化の中で形而上学的思考にあたるものを想定して、それを打ち破るような発想をもった宗教論に注目したい。多様性を重視して、時代も毛色も相当に異なる三人を選び出している。権威ある聖典に由来する教えを相対化するような知の働きはどのような場合に生まれてくるのだろうか。教えの優劣の比較ということだけでは、宗教に関わる知の相対化にはならない。自らのよって立つ場の揺らぎが関わっていることは間違いない。

空海『三教指帰《さんごうしいき》』（原著刊行年　七九七）
――比較の眼差し

讃岐の豪族の家に生まれた空海（七七四―八三五）は、長岡京で儒教や道教について学んだ後、八〇四年に唐に留学して最新伝来の密教を学んだ。帰国後、真言宗を開き『十住心論』を著した。『三教指帰』は仏教の優位を説いた留学前の著作。

†宗教学の先駆け

宗教学は近代の学問である。特定宗教に帰依する立場や宗教をひたすら批判する立場ではなく、多様な宗教を比較しつつ、人間と宗教の関係について問いを投げかけて考察する。問いかけ、対話し、自らの立場が揺さぶられていることを自覚し、相互理解の地平を広げていこうとする姿勢が前提となる。

西洋でも東アジアでも一八世紀ぐらいになるとそうした姿勢が明確化してきて、一九世紀になると宗教学の基盤が確立してくる。だが、それ以前にも多様な宗教を比較したり、人間と宗教の関係について考察する人たちがおり、現代人にとってはっとするほど身近な思考をくり広げていたりする。宗教学の先駆けとなるような人々があり、書物がある。

†儒教・道教・仏教

空海の『三教指帰』を宗教学の先駆けとして見てみよう。『三教指帰』は空海が二四歳の時の作とされる。難解な語句や中国史の人名がちりばめられ、仏教のエッセンスが豊饒華麗な文章で簡潔にまとめられている。学識と才気があふれ出た見事な内容であり、読者はひとまずその迫力に圧倒される。

「三教」とは儒教、道教、仏教を指し、「指帰」は「意のおもむくところ」「究極の意義」といった意味である。結論は初めからはっきりしている。儒教、道教は不十分な教えで仏教、それも大乗仏教こそが正しい教えであり、出家修行の生活こそ人間の究極の生き方だと宣言している。仏教については情熱を込めて雄弁に語られているが、儒教については深みがなく、道教についてはおざなりだ。異なる教えの存立根拠が緊張感をもって示され、火花を散らすというふうではない。八世紀の書物にそのような宗教間対話の精神を求めるのは、もちろんないものねだりである。当時、他者の宗教（他の「教」）に言及するとすれば、それはまずは自己の優位を主張するためだった。

だが、この本が特定宗教の弁証のための書物、つまりは仏教の教学の論著だと言いきってしまうのは躊躇される。道教はともかく儒教についてはある程度その意義を認めており、儒教的な考え方を受け入れているように見えるところもある。まず、巻末に置かれた詩の一節をあげよう。

日月の光は冥《くら》き夜の闇を破り、／儒・道・仏の三教は痴《おろ》かなる心を褰《みちび》く。／衆生の習性と欲求はさまざまなれば、／偉大なる医師《くすし》・仏陀の治療法もさまざま。（一八六ページ）

また、「序」にも「聖人が人をみちびくには、三種の教えを救いの網として用いる」とある（五ページ）。これは儒教や道教も仏陀の教えの方便の内に入っているという主旨だろう。ある種の衆生にとっては儒教や道教が適切に働くこともあると理解されている。仏陀は相手の「機」（資質）を見て見事に方便を用いて衆生を導いた（対機説法）という考えが背景にあるから、儒教や道教も仏陀の方便の一部と見なされているのだろうか。

実はこの書物は物語仕立てになっていて、蛭牙《しつが》公子というあらゆる「教」から遠い「ならずもの」の青年が登場する。

その人がらは狼のように心ねじけて、人のみちびきなど受けつけず、性質は虎のように凶暴で、礼の道などお構いなし。賭博《とばく》を仕事にし、狩猟にかけずりまわり、やくざでごろつき、ひどく思いあがっている。(一二三ページ)

エネルギーはありあまるほどあるようだが、しつけができておらず、両親をはじめまわりの人たちに迷惑をかけっぱなしといったところだ。この青年が儒教を信奉する亀毛《きもう》先生、道教を信奉する虚亡《きよむ》隠士、仏教を信奉する仮名乞児に順番に説得されるという筋だ。その結果、儒教や道教の教えは仏教に劣るものとされるのだが、蛭牙公子を説得する言葉としては、儒教の亀毛先生の教えが確かに有効だ。

ぜひとも蛭牙公子よ。早くそなたの愚かな惑いを改めて、ひたすらこのわたしの教えを学んでいくことだ。もしそのようにするならば、親に仕える孝の徳も尽くされ、君に仕える忠の徳も全うされ、朋友と交わる美徳も円満に、子孫を栄誉づける余慶も申しぶんない。(三五ページ)

教えに従ってよい配偶者を得、よき家族生活を営めば死後も寂しくないとも言っている。これに対して、道教の虚亡隠士の教えは蛭牙公子を説得するより亀毛先生を論破するためのものだし、仏教の仮名乞児の教えは亀毛先生や虚亡隠士の立場の説得としては説得力豊かだが、蛭牙公子には深遠すぎて理解できるとは思えない。物語の筋としては破綻しているとも言える。

事実、粗末な服装の仮名乞児は蛭牙公子に同情したからではなく、亀毛先生や虚亡隠士の議論の場に出会わせ、彼らの議論は程度の低い情けないものだと思い、見事な弁舌ではるかに次元が高い世界観を示して論破しようとしたのだ。

　亀毛先生と虚亡隠士の二人は、それぞれに自分は正しく相手は間違っているという。そのとき仮名乞児は自分で考えた。溜り水のようにぽっつりとした弁舌、たいまつの火のようにちっぽけな才気の輝き、それでもこの程度にはやれる。ましておのれは法王すなわち仏陀の子である。いでや虎豹《こひょう》の威力をもつ鉞《まさかり》を抱きかかえ、蟷螂《かまきり》のちっぽけな斧《おの》を取り拉《ひし》いでくれよう。（一六六ページ）

若々しい野心がむらむらと頭をもたげたといった風情だ。これでは蛭牙公子は置いてきぼりで、物語としては筋が通らない。ただ、読者はそうも思わないだろう。すでに「序」に空海自身の思想遍歴が語られており、そこを見ればこれは空海自身の自己形成の経験に関わることなのだと納得がいくからだ。

†空海と三教

空海は蛭牙公子とはまったく異なるタイプの青年で、ひたすら学問に励んだ。一八歳以来、都の大学で刻苦勉励したが、そこで僧侶に出会い、虚空蔵求聞持法《こくうぞうぐもんじほう》を教えられた。これは記憶力を高め智恵を深める方法で、厳しい大自然の中での修行が必要だ。

かくて私は、朝廷で名を競い市場で利を争う世俗の栄達は刻々にうとましく思うようになり、煙霞《もや》にとざされた山林の生活を朝夕にこいねがうようになった。軽《かろ》やかな衣服をまとい肥えた馬にまたがり、流れる水のように疾駆する高級車の贅沢《ぜいたく》な生活ぶりを見ると、電《いなずま》のごとく幻のごとき人生のはかなさに対する嘆きがたちまちにこみあげてき、体の不具なもの、ぼろをまとった貧しい人々を見ると、どのような因果でこうなったのかという哀しみの止むことがない。目にふれるものすべてが私に悟りへの道をすすめ、吹く風のつなぎとめようがないように、私の出家の志をおしとどめるこ

とは誰にもできない。（四ページ）

空海が仏教にほれこんでいくまでの心情が生き生きと語られている。『三教指帰』には表と裏の二人の主人公がいることになる。つまり、蛭牙公子が儒教等の文明の教えに説得され向学心を得ていく話と、空海自身が深く文明の教えを学んだ末に仏教に心を奪われていく話とが二重写しで語られているのだ。「文明の教え」というのは、儒教を中核とした中国的な学問による自己形成理念の伝統のことである。

道教（道家思想、老荘思想）や隠者の思想もその重要な構成要素だ。若き空海はこの「文明の教え」をたっぷりと吸収した。学問を通して学んだ「文明の教え」とそれを知らない粗野な人生とでは雲泥の差があると理解されているのはそのためだろう。だが、他方で儒教を中核とする「文明の教え」の限界も強く意識されており、だからこそ乞食生活を範とする仏教の出家生活にこそ救いの道があるとされるのだ。無常を説く空海の雄弁は『三教指帰』の圧巻である。

三教の間の比較討議は空海が発明したものではなく、当時の中国にすでに存在したものだ。東アジアの伝統では儒教・道教・仏教が「三教」として並び立ち、相互に優位を競っているという認識が早くから存在した。そこに近代宗教学の先駆的な形態を見いだすことは十分に可能だ。

だが、「三教」で理解されている「教」と、近代になってreligionの訳語として定着していく「宗教」には意義の相違がある。東アジアの言語を用いて「宗教」について学ぶとすれば、この相違をどう理解するのかが切実な問題とならざるをえない。

イブン＝ハルドゥーン『歴史序説』（原著刊行年　一三七七）
――文明を相対化する

イブン＝ハルドゥーン（一三三二―一四〇六）は乱世の地中海世界（北アフリカ、スペイン）で諸イスラーム王朝に仕えた文人。世界史の書の序論である本書は、イスラームを宗教として客観的に取り上げた文明論として注目されてきた。

†宗教を相対化する眼差し

諸宗教・諸宗派についての情報を記す「宗派学」というべき学問的知識は、イスラーム世界ではすでに一一世紀に形成されていた。現在もある「世界の諸宗教」の概説書の先駆形態だ。キリスト教世界ではまだ他の文明への開かれた関心が育っていなかった時期に、地中海地域のイスラーム世界ではそのような関心が育っていたのだ。やがてイスラーム世界の知の視界は狭められていき、他方、ルネッサンスが来ると、開かれた知のあり方はキリスト教圏でこそ開花したものと考えられ、その後、西洋の学問こそ世界の学問の中心という見方が支配的となり、今日に至る。

一四世紀後半のイブン＝ハルドゥーンの主著、『歴史序説』は、ある時期までのイスラーム圏の学問が先進的で創造的な可能性をもっていたことを十二分に示している。ここでは、イスラーム以外の宗教にふれておらず宗教としてはイスラームのみが扱われている。宗派学とはまた異なるタイプの文明研究の書だが、そのなかで宗教は重い位置を占める。宗教を相対化する鋭い眼差しが随所に見られる。この書物が宗教社会学者や文化人類学者らによって先駆的な宗教論の著作として取り上げられてきたのはなるほどと納得できる。

著者はチュニスで生まれ、今の国名で言えば、チュニジア、アルジェリア、モロッコ、スペイン、エジプトの諸イスラーム王朝に仕え、学者兼政治顧問として生涯を送った。彼にとって地中海世界の宗教的・文化的・民族的多様性は身近なものだった。パトロンの諸王朝を渡り歩く中で次第に名声を得、自立的な知識人としての権威と風格が備わっていった。

イブン＝ハルドゥーンは王朝がいかにして安定した支配と服従の関係を確立するかに深い関心を寄せ、これを文明についての学と理解した。彼の知の主たる領域は現代の学問でいえば政治社会学（支配の社会学）や比較文明学ということになろう。

彼は王権を超えた本来的政治秩序としてカリフ制（ムハンマドの正統な後継者の資格をも

つカリフを首長とする政治体制）を想定している。理想的な統治としてのカリフ制を念頭に置きながら、カリフ制によらない王制の権威構造や栄枯盛衰を論じる。いわば宗教の影の下で、冷静に政治社会学、比較文明学を論じた書物だ。

イスラームの規範に依拠して政治理念を論じる人を、著者は「哲学者」とよぶ。哲学者によれば王権の存在根拠は神の導きによる他なく、人間の作為によるものではありえない。

哲学者はこの議論を推し進め、論理的な証拠で預言の存在を証明し、預言が人間にとって固有で本性的なものであることを明らかにしようとしている。そしてさらに議論を進め、結局人類には抑制力を行使する権威の存在が必要不可欠であることを説明している。なおまた彼らは次のようにも言っている。この権威は、神によって課せられ、一人の人間を通じて啓示された宗教法によってのみ存在する。（二〇二―三ページ）

これに対して世界の諸「文明」の比較考察に向かう著者自身は、知性による「実証的な推論」を重んじる。それは異教徒たちにもすぐれた王国があることの認識を踏まえている。

しかしこのような哲学者の定理は、すでに読者には見抜かれているように、実証的な推論とはいえない。人間の存在や生命は、預言が存在しなくとも、権威ある者がみずから下す命令なり、人々を強制して権威者の欲する道に赴かせることを可能にする連帯意識なりによって、保つことができるわけで、神の啓典をもち、預言者の教えに従っている民は、神の啓典をもたない異教徒に比べて実に少数なのである。（二〇三ページ）

†文明の循環と「連帯意識」

イブン＝ハルドゥーンは、主に温帯に属し、中庸を心得ている主要な文明人として、「アラブ人、ローマ人、ペルシャ人、イスラエル人、ギリシャ人、インド人、シナ人」（二〇九ページ）をあげる。多様な文明の担い手を想定し、視野を広げている。著者は多元的な世界像を背景に、王朝の栄枯盛衰を観察する。異教徒のものをも含めた諸王朝が文明論・社会論の単位である。では、王朝は何を基礎的な動因として成立するか。――都市と田舎（農村や砂漠）の対立関係であり、「連帯意識《アサビーヤ》」である。

『歴史序説』の第一部第一章は「人類の文明についてその一般論と諸前提」と題されている。まず示される「第一前提」は「社会的結合は人間にとって絶対に必要である」というものだ。人間は一個人の力では食物を得ることができず、相互扶助によって多数の人間の力を結集しなくてはならない。人間は自分を敵から守るためにも助け合いを必要としている。動物と比べたとき、人間は思考力と技術を用いることに特徴があるが、社会的結合という点でも動物に優《まさ》っている。

要するに、この社会的結合は人類にとって不可欠のものであり、これがなくては人類自身の存在も、人類を世界に住まわせて地上における神の代理者にさせようとする神の意志も、ともに果たされなくなるのである。このことこそ、この学問の対象として、われわれが設定した文明の意味である。(二〇二ページ)

安定した社会的結合は都市の王権によって保証される。人間相互の敵対関係を抑制する指導者が不可欠なのだ。だが、王権の基礎には「連帯意識」がある。この連帯意識はすでに田舎において成り立ち新勢力を形成して王権の奪取を目指す。連帯意識が拡充し、中核集団から指導権が確立して支配関係を組織し、王権が樹立される。連帯意識は新王朝による支配を終局的目標とする。支配者の文化(習慣)は模倣され、被支配者の文化は消滅する。だが、いったん王朝が実現すると、その基礎となった連帯意識は弱体化する。王朝は必然的に頽廃し脆弱化して数代で衰退していく。それにかわって新たに周辺部から力強い連帯意識と指導権が成長してきて、やがて権力を奪取し新王権が誕生する。

この都市と田舎の文明の循環の理由について、著者は多彩な分析を行う。都市の生活には奢侈がつきもので、奢侈に慣れた人間は連帯意識も向上心も弱まる。欲望や快楽を重視して道徳性が弱まる。都市の王権は従属することに慣れ、自立心や勇気や抵抗力の乏しい人々を増大させる。

これに対して、田舎、とくに砂漠では連帯意識が不可欠で、善意と自らを守ろうとする勇敢さを保持している。他方、法や王権による生活を知らないので略奪にも向かう。砂漠のアラブ族は元来王権に縁遠い存在だが、宗教があれば別だ。預言者とか聖者の教えによる宗教心が植えつけられると、自制力が育ち、高慢さや指導権への野心がなくなり、恭順な態度を取るようになる。

†宗教の社会統合機能

イスラーム初期に見られたような宗教に裏打ちされた王朝の興隆を念頭において、イブン＝ハルドゥーンは次のように宗教の社会統合機能を定式化している。「すでに述べたように、宗教というものは、連帯意識を分けもつ人々のあいだから、嫉妬や羨望の心を取り除き、その人々を真理のもとに結集させる。」「というのは、彼らの向かうべき目的が一つになり、求めるものもすべて一致したものとなるからである。」このような興隆期の宗教精神はやがて変化し堕落する。「支配能力は、宗教によってより強力なものとなるということがなく、ただ連帯意識の力に相当しただけのものとなる。」（二五九―六〇ページ）

宗教の重要な機能は連帯意識の発展というところに見いだされる。では、社会統合は宗教によってしか果たされないのだろうか。著者は「知性」による支配と「宗教」による支配があるという。

もしこれらの［政治的］規範が、有識者や王朝の指導的人物とか洞察力の持主とかによって制定されるなら、その結果は知性にもとづく政治となるであろう。もしそれらが宗教法として、立法者を通じて神によって制定されるなら、宗教にもとづく政治となり、この世においても来世においても、生きるうえで有益である。（二八八ページ）

著者は「宗教」による統治がすぐれているとは断言していない。

もし支配が穏便で正しく、権力や禁令によって強制することがないならば、被支配者は自身のもつ勇気の度合によって自立の気風を示し、抑圧するものがないことに自信をもつ。(二一三ページ)

もしかすると、彼は「宗教」よりも「知性」が優位にあるような、中庸を得た指導者のもとで、人々が「自立」を高めていくような統治の可能性を、宗教法による統治に対置していたのかもしれない。

イブン゠ハルドゥーンは確かに宗教学・宗教社会学の先駆者として位置づけてよい。この書物は宗教学の起原やイスラーム世界からの宗教学の展開の可能性に関わって、多くの問いを現代人に投げかけている。

富永仲基《とみながなかもと》『翁の文』（原著刊行年　一七三八）
――宗教言説の動機を読む

富永仲基（一七一五―四六）は江戸時代前期の町人学者。仏教・儒教・神道の諸宗教、またその典拠とされる経典や教義論書を相対化する解体論的な視座を提示した。聖典は優位争いのような人間的動機から読み取られるものとなっている。

†諸教の経典類の解体論的分析

富永仲基の『翁の文』と『出定後語《しゅつじょうごご》』は、東アジアにおいて宗教学的な思考のある種の側面が世界に先駆けて発達していたことを教えてくれている。著者はさまざまな「教」の書が、なぜ異なる内容をもっているのかを、言語に注目しつつ客観的に説明している。聖典、古典の読み方がまことに現代的なのだ。

仏典に対象をしぼった学問的著作である『出定後語』の学識と鋭い眼光にも感心させられる。だが、知的緊張に満ちた議論をやさしく解きほぐした啓蒙書、『翁の文』の叙述も十分に啓発的だ。そこでは、儒教・仏教・神道のそれぞれがもつ異なるタイプの閉鎖性を指摘し、他方、それらの中に含まれているが、それらとは別に示すことができる「誠の道」というものがあると説いている。優位を争っている複数の「教」をいずれも相対化し、それらに対するオルタナティブを示そうとしている。この立場もまた現代的だ。

それ以前、すでに一五、六歳で仲基は儒教の経典や論著を解体的に読み解く『説蔽』を著した。このテクストは現存しないが、仏典の解体論的研究書、『出定後語』(一七四五年)は刊行当時から衝撃的な内容をもった書物として知られていた。経典や教義書の言語の特徴、教義的な言語と真理の関係についての醒めた分析的視点の新しさ故である。『出定後語』に続き『翁の文』も仲基の死の直前に刊行されたが、そのテクストは長らく知られていなかった。一九二四年に見いだされ、仲基の先駆性がまた新たに脚光を浴びることとなった。富永仲基再発見のドラマは今もなお続いている。

仲基だけではない。当時、大阪に懐徳堂という民間の儒学研究・教育機関があった。この懐徳堂の周辺にいた大阪町人の儒学者たちも仲基とよく似た言語観、真理観をもっていたことが明らかにされ、思想史的な視点から富永的な知の地平の意義が問い直されている(宮川康子『富永仲基と懐徳堂』、一九九八年)。日本の宗教学や仏教学の歴史を遡る際、懐徳堂とその周辺の役割を問うことが意義深いが、まだほとんど未開拓である。

†『出定後語』の経典読解法

『出定後語』では広い範囲の仏典が鋭く読み解かれている。「出定後語」というのは釈迦が禅定の悟り（入定）の境地から出て、通常の意識にもどり弟子達と問答したことを指す。弟子達はさまざまに自分の考え方を述べそれぞれ優位を競ったが、釈迦はそれらをどれも是認したというのがもとの仏教的意味だ。

仲基はこれを釈迦涅槃以後の仏教の展開過程に転用し、経典や教論の文書が次々に登場してくるプロセスについての独自の理解を示している。大乗仏教経典は仏陀の涅槃よりずっと後に書かれたものだ。仏陀の言葉をそのまま記したとされる仏教経典だが、実は後代の仏教徒がそれぞれに新説を付加して作られていったものだ。だが、だからといってそれは真理からまったく離れた偽書というわけではない。それぞれにその時代の真理を、あるいは「道」を含んでいると見なされている。仲基はそう論じている。これは当時の仏教徒から見ても、儒学者や国学者など仏教批判者から見ても相当に突き抜けた考え方だ。

『出定後語』では仏典のテクストを読む際に、留意すべき言語の特徴がいくつかあげられている。「言に三物あり」という。「言に人あり」とは、その言説を記して何かを主張しようとしている人物の特徴を読みとること。「言に世あり」とは、時代や環境によって異なる言説の特徴を読みとること。「言に類あり」とは、表現上、修辞上のさまざまな特徴を理解すること。とりあえず、五つか六つほどの表現法、修辞法があげられ「五類」とまとめられる。たとえば、「張」とは意味を拡大して別の事柄に転用すること。「磯《き》」というのは、刺激的な表現を用いて根源的なものを示そうとすること、といった具合である。

だが、仲基による経典類の読解法のもっともよく知られたキーワードは「加上」というものだ。自説を説く者は、既存の言説を上回る何かを示そうとして、強い論点を打ち出す傾向がある。歴史上の諸教説や諸言説がこの観点から見直される。『出定後語』には豊富な例が満載されているが、『翁の文』では骨格だけが示されている。

仏教は六師外道とよばれるような諸修行者らの説の「上に出よう」として唱えられた。結集された小乗経典の教説の上に出ようとして、文殊菩薩を信奉する大乗仏教グループが般若経典を作り、その上に出ようとする普賢菩薩信奉者が法華経などを説いた。さらに法華経の地平を超えようとして華厳経が、次いで涅槃経が、また密教経典が作られていくと論じられる。(六五―六ページ)

「加上」の概念が示すのは、経典や教論書において相互の優位争いが大きな動機となっていること、そして今この場所に生きる者にとってそれは附随的な意義しかもたないということである。経典や教論書には特別なアイデンティティの主張や闘争心・競争心が行きわたっており、部外者はそれに共鳴できない。

そこで、どこにその文書の特殊なアイデンティティの主張や闘争心・競争心があるかを理解すれば、その主張に惑わされないですむ。仲基は異なる教説が相互に張り合ったり、対立したりすること自体を分析の対象とする。教えを説く言語そのものに対して部外者的な視座をもっており、教えを説くこだわりの言語を超えたところに現れるであろう真理を求めようとしているのだ。

†『翁の文』が注目する三教の偏り

『翁の文』では、仏教・儒教・神道がそれぞれの地域文化と時代の影響のもとで育てられ、それ故かたよった教えが説かれていると論じられる。

> 僧侶のやることはすべてインドにならったものである。自分の身を修め、また人をも教化するのだが、とくに梵語《ぼんご》をつかって説法などをするものだから、だれもこれを会得したためしがない。（六〇ページ）

儒教の教えをそのままに尊ぶべきだというなら、「儒者は、中国語の発音によって、中国の文字を使うべきである。中国語の発音にもいろいろあるが、まず周の時代の魯国《ろこく》の発音を学ぶのがよい」ということになる。こんなことは「中国の儒者たちもいっているわけではない。ところが日本の儒者は、すべてなにごとも中国の風俗に似せようとして、わが国ではとても通用しないことばかりを行なっている。」(六一ページ)

ここまでは外国の教えに従う者を批判しているわけだから国学者の見解と似ているようだが、仲基は神道に対しても手厳しい。神代に返るというのなら、父を「かぞ」、母を「いろは」、自分達の名前も「なに彦」「なに姫の命」と古代風にすればよいことになる。こんな考え方は神道本来のものでないはずだが、「今の神道は、すべて昔のことを手本として、あやしげな、異様なことばかりをしている」。

三教にはそれぞれよくない特徴(「くせ」)があるともいう。「仏道のくせは幻術である。(中略)インドは幻術の好きな国で、道を説き、人を教えるにも、この幻術を適当にまじえて導かなければ、誰も信じてしたがおうとしない」。

「儒道のくせは、文辞(文章の言葉)である。」孔子の仁、子思の誠、孟子の四端性善、荀子の性悪などは、「すべて、ほんとうはそれほどでもない、ごくたやすいことを、弁舌も大げさに説き出し、人におもしろく思われ、したがわれようとする方便だった」。

神道のくせは、神秘・秘伝・伝授といって、ただ物をかくしてばかりいることである。

「今は、もはや末の世であって、偽や盗をするものが多いのに、神道を教えるものが、かえってその悪いところを擁護するようなことは、はなはだ道理にもとることだといわねばならない。」（六九―七一ページ）

仏道・儒道・神道の三教は、いずれも今の日本で行われるべき「誠の道」に叶っていない。では、「誠の道」とは何か。

今の習慣に従い、今の掟を守り、今の人と交際し、いろいろな悪いことをせず、いろいろとよいことを実践するのを誠の道ともいい、それはまた、今の世の日本で実践されるべき道だともいえる。（六四ページ）

「誠の道」は理を超えたものではなく、理の内にあるものだ。「あたりまえの理」によって合意できるものだと仲基は考えている。特定宗教の外に立つ知的かつ倫理的な場として、仲基が想定したような「誠の道」や「あたりまえの理」が成り立ちうるのかどうか。

現代において宗教を問う者は仲基の思考を身近に感じるだろう。だが、「誠の道」の提唱で足りるかどうか、強く肯くこともできないだろう。仲基がもっと長生きをしていたらそこまで考えが及んでいたのではないか、などと考えたくもなる。

ヒューム『宗教の自然史』（原著刊行年 一七五七）
――理性の限界と人間性

デイヴィッド・ヒューム（一七一一―七六）はスコットランド生まれの哲学者。理性の限界を示した『人間本性論』（一七三五年）などの哲学的著作は冷遇された。教会の批判を恐れて韜晦し、『自然宗教に関する対話』は死後の出版となった。

†諸宗教の価値序列

豊かな知恵を宿した信仰もあれば迷信・軽信もある。これはたぶん真実だ。では、りっぱな宗教とあやしげな宗教、まっとうな宗教と危うい宗教があると言えるか。ひどく危険な宗教があるのは確かだが、それ以外の場合、どこで区別するかは容易でない。

だが、かつては高級な宗教と低級な宗教がはっきり区別できると信じられていた。低級な宗教は排除すべきだとして、暴力的な宗教抑圧が行われた時代もあった。宗教について論じるときも、宗教の単純な価値序列が有効だと考えられていた。今でもキリスト教や仏教こそ高等な宗教、文明社会にふさわしい宗教だと考える人は多い。その場合、アニミズム（自然や死者の霊への信仰）や多神教は未開人や非教養人がとらわれていた非合理で低級な宗教であり、いずれ消えゆくべきものだということになる。

二〇世紀の後半以降、こうした考え方は崩れて来ている。先住民の宗教や多神教の方に人類社会の希望を託したいと考える人が増大している。自然を支配するのではなく、自然との融和を志向するのはアニミズムだ。非西洋社会や先住民社会の宗教を野蛮で低級なものだと見なしたのは、支配する側の「文明」を過大評価した傲りではないか。

近代の夜明けの頃の西欧では、キリスト教こそ理性にかなった宗教だという観念が支配的だった。一八世紀にはそもそもどんな宗教も迷信に引きずられ抑圧的なものだという啓蒙主義の考え方が出てくる。だが、文明にかなった一神教こそすぐれた宗教で、キリスト教以外の諸宗教、とりわけ多神教はそれよりも劣った宗教だという考え方はなお支配的だった。人類が神から与えられた宗教が一神教だったとすると、一部の人類は堕落して多神教徒になったと考えられた。

一九世紀の進歩主義の時代になると、人類の宗教は多神教から一神教に進歩したという考え方が支配的となる。文明化した一神教がすぐれているという確信は、そもそも一神教のなかに備わっているものだが、一九世紀以降の進歩主義的宗教史観は、産業革命と植民地主義に多くを負っている。

ところが、この進歩主義全盛の一歩手前の時代に、一神教の方が多神教よりりっぱですぐれているとかんたんには言えないと論じた書物が現れた。文明と野蛮、高級宗教と低級宗教の価値評価が疑われている今、この書物がドグマ的な思考を抜け出した宗教学の先駆的な書物として輝きを帯びて見えてきた。

†一神教対多神教

それはデイヴィッド・ヒュームの『宗教の自然史』だ。ヒュームは「人間性＝人間の自然な本性」(human nature) を深く理解しようとした人だ。「自然な出来事としての宗教の歴史」(natural history of religion) も人間性を反映するはずだ。ところで、人間性はいつも理性が優位にあるわけではない。人間はむしろ感性や情緒にこそ従うものだ。

そうだとすれば、宗教の「自然史」も初めから理性優位だったとか、人類は次第に理性優位に変化するといった見方で見るのは、適切ではないだろう。理性優位の一神教（「有神論」ともよばれる）と感性優位の多神教（「偶像崇拝教」ともよばれる）は、どちらも人間性にのっとっているので、ときにどちらかが優位となるとしても、どこかで勝敗の決着がついてしまうようなものでもない。宗教史において、一神教的な傾向と多神教的な傾向は並び立ち、競い合って行ったり来たりする。

宗教の諸原理が人間の心の中で一種の栄枯盛衰をもち、人間が偶像崇拝教から一神教にのぼって行き、また再び一神教から偶像崇拝教にくだっていくという性来の傾向をもつということは、顕著なことである。(五二ページ)

人間の理性はそれほど頼りになるものではない。どうも人間は感性や情緒に動かされる存在らしい。制御できない事柄に出会うと「俗衆」は「希望や恐怖、願望や不安」に動かされ、「想像力は諸対象を人類のように感覚をもち知性をもつ存在として表象する。すなわちそれらは愛情や憎悪により動かされ、贈物や懇願、祈願や犠牲に屈すると表象される。ここから宗教が起原した。またここから偶像崇拝教や多神教が起原した。」(五三ページ)

このあたりは、宗教の起原は偶像崇拝だが、次第に理性にかなった宗教へと進歩していくという一九世紀以降の宗教史の見方に近いようにも見える。ところが、ヒュームの見方はもっと複雑だ。一神教(有神論)は理性にかなったものだと理解されているが、実は情緒的な欲求にも依存している。それは君主、すなわち政治的権力者の力への恐怖とへつらいに関わりがある。強い者に頼ろうとする気持ちが「至高神」という観念を呼び覚ます。

だから「アブラハム、イサクおよびヤコブの神がユダヤ人たちの至高神ないしエホバとなった。」（四六ページ）また、ホメロスは「支配神ジュピターにかの崇高な呼称で敬意を表しないわけにはいかなかったらしく、そこでこの神を神および人間の父と呼んでいる。」（四七ページ）

理性にかなっておりすぐれた道徳の原理となるはずの一神教だが、神に対して人間を低く見下し服従と卑下を勧めることになると、よくない性格を育てることにもなる。マキアヴェリは「ひたすら受動的勇気と待望のみを進めるキリスト教の教義は」「人々の精神を屈従し彼らを奴隷状態や隷属に適合させてしまった」と見たが（六三ページ）、それはいくぶんかはあたっている。多神教の方が神々に対して気楽に向き合い神々から元気づけられるので、「活発さ、精気、勇気、寛大、自由愛その他すべての一国民を偉大化する諸美徳が生ずる」（六二ページ）。これは後のニーチェによるキリスト教批判を思わせる考え方だ。

また、一神教（有神論）は「唯一無二の神、理性と善性の完全性を前提とするので、……あらゆる軽薄なもの、不合理なものないし非人間的なものを宗教的崇拝から追放」しようとする。こうした単一性の追求は、「敵対者を瀆神《とくしん》的で、かつ神ならびに人間の報復の対象として表示する口実を与える。」「それぞれの宗派はしぜん敵対関係に陥り、かの神聖な熱意および怨恨、すなわちすべての人間的情念のうちでもっとも猛烈で容赦のない激情を相互にぶつけ合うからである。」(五七ページ) 他方、「多神教はきわめて社交的なので、たまたまこれと反対の宗教の中に極端な苛烈さや反感に出会っても、それがため嫌悪の念をいだいたり、疎遠な気持をもったりすることがほとんどない。」多神教は寛容になりやすいのだ。

†「振り子理論」

ヒュームは宗教改革以来、キリスト教の内部で猛威をふるった宗派対立や異端審問を冷静に見ていた。「カルタゴ人、メキシコ人その他多数の野蛮国民の人身御供は、ローマやマドリッドの宗教裁判や迫害をほとんど越えてはいない。」キリスト教会によって異端とされることをつねに恐れながらあえて宗教を論じようとしていた学者の言葉である。宗教対立が激しさを増している二一世紀初めの世界に生きる私たちには、身近な洞察と思える。

だが、これは多神教の方が暴力から遠いというのではない。民衆宗教は気ままな感性や情緒に従うので、道徳を遠ざける傾向がある。人々は当然の責務を果たすことよりも、神々の好意で自分に都合のよい結果を招くことを求めるのだ。「古代ローマ人たちは悪疫におそわれたときに自分たちの災害を決しておのれの悪徳のせいにしなかったし、悔悛や改心など夢想だにしなかった。」(九三ページ)

このような理由から、多くの事例において最大の犯罪が迷信的敬虔や献身と手をとり合っているのが見出されてきている。（中略）野蛮性と気まぐれ、この二つの性質が名目上それらがいかに変装されていようとも、民衆宗教における神の支配的性質を形成しているのを、われわれはいたるところで目にとめることができる。（中略）これらの欠陥や愚行の根は心の中により深く根を張っており、人間本性の本質的で普遍的な諸性質から発生しているのである。（九八―一〇〇ページ）

ヒュームの多神教と一神教の「栄枯盛衰」論は現代の社会人類学者（E・ゲルナー）によって「振り子理論」と名づけられている。進歩主義的な図式に陥ることなく、一神教と多神教の特徴を冷静に対比して見せたところに特徴がある。また、感性や情緒が大きな役割を果たす「民衆宗教」の重要性を指摘した点でも現代人の宗教観に合致する。

では、ヒューム自身の立場はどこにあったのか。死後に刊行された『自然宗教に関する対話』は著者の真意がとらえにくい書物だが、理性によって神の存在が証明できるという一七世紀以来の「自然宗教」論が退けられていると見てよい。彼は一神教が理性にかなっているという考えを是としなかった。ヒュームは多神教にせよ一神教にせよ、克服されるべきものだと考えていたが、はっきりそうは言えなかったので、生前刊行の著作ではいちおう理論的な一神教（有神論）を支持するような構えをとっていたと解するのがよいだろう。だが、ヒュームはもっぱら理性に徹した人生が幸福だとも見てはいない。複眼的な宗教観であり、それも現代人に近しく思われるところだ。

Ⅱ　彼岸の知から此岸の知へ

一八世紀の後半に西洋の知の地殻変動があり、そこから宗教学的な知のあり方が生じた。イデア界の永遠の実在を理性が把握しうるという理念が崩壊した。神の実在や魂の不死というようなことを、彼岸の知として弁証することが難しくなった。そうすると、宗教は人間の事柄として考えていかなくてはならなくなる。

このことを明確に自覚して、人間性の産物として宗教を論じたのがヒュームだ。ヒューム思想に衝撃を受けつつ、カントはなおキリスト教信仰を保つための絶妙のやり方を編み出した。精妙な哲学者の宗教が考案され、後代の宗教的知識人もそれに支えられることになる。

だが、シュライエルマッハーはそれは生きた宗教ではないと、強くカントを意識しながら理性中心の宗教論に異を唱える。宗教は「直観」と「感情」の事柄だと彼は言う。そこから人間の中に宗教を生み出す独自の場があるという理論の系譜が生じることとなる。

彼岸のものを救い出そうとする学知の試みは次々と起こってくるが、ニーチェはもっと正直に形而上学的知の解体を認めるべきだと主張する。そもそも此岸の生を軽んじるという動機が宗教を基盤とした文明の根底にあるではないか。ニーチェはまた、ニヒリズムに焦点を当てることによってその後の新しい宗教理解の一つの礎石を築きもした。

ラヴジョイ『存在の大いなる連鎖』（原著刊行年　一九三六）

――形而上学の解体の後に

アーサー・O・ラヴジョイ（一八七三―一九六二）はアメリカの思想史家。諸分野を超えて用いられる特定観念群を研究する「観念の歴史」を提唱。本書は西洋の形而上学が内から掘り崩され、近代的宗教思想が発生してくる過程を活写している。

†知の構造転換

かつて宗教についての学問は、特定宗教が掲げる絶対的真理を確証する役割を負っていた。神学・教学の知だ。学知の中でその優位が打ち破られていくのと、宗教を相対化する眼差しが強まるのは同時的だ。こうした相対化の眼差しを背景として宗教学的な知が成立してくる。これまでイブン＝ハルドゥーンの時代のマグレブに、そして近世日本の大阪周辺で、そうした宗教学的な知が芽生えようとする場面をかいま見て来た。

教会の精神的権威が弱まりつつあった西洋で、キリスト教の信仰そのものを相対化する眼差しが強まり、諸宗教を意識した宗教学的な知が前面に登場してくるのはいつのことか。デイヴィッド・ヒュームの『宗教の自然史』の登場は、そうした時代の到来を告げる重要な書物の一つだ。

ヒュームに続き、一八世紀の末から一九世紀の初めに宗教学的な知が成立してくる。この新たな知の登場の背後には、西洋の知の構造の大きな転換があった。そのドラマを見事に描き出したのは、二〇世紀前半のアメリカで「観念の歴史」(history of ideas)の研究方法を開拓した思想史家、アーサー・ラヴジョイの『存在の大いなる連鎖』だ。

西洋で宗教学的な知が登場するには神学・教学の知の優位を打破するだけでなく、伝統的な形而上学の前提の崩壊が必要だった。したがってキリスト教の神学に注目するとともに、プラトン以来の哲学の知の変容にも注目しなくてはならない。

ラヴジョイは紀元前四世紀にプラトンによって基礎づけられた形而上学の伝統が一八世紀の間にその内から克服されていき、宗教を人間の経験の側から捉える眼差しが育っていく過程を描き出している。キーワードは「充満の原理」、「連続の原理」、そして「存在の大いなる連鎖」だ。

†「充満の原理」と「連続の原理」

プラトンによれば、感覚によって表面的に知られるこの世の事柄はどれもはかなく移ろいやすいものだが、それはこの世が真の実在であるイデア界（英知界）の影のようなものだからだ。では、感性的な仮のものからなるこの世的な（this-worldly 現世的とも訳せる）領域を超え、永遠の存在からなり完全な秩序を備えたイデア界に近づくにはどうすればよいのか。それはあの世的な（otherworldly 来世的とも訳せる）性格をもつイデアを把捉しようとする、本来の哲学を学ぶことによって可能となるという。

哲学的探究は精密な理性の働きによってイデア界を認識する。もろもろの善きもの美しきものの範型がある場であり、よきことを意志する魂の判断の源泉となるべき場であるイデア界を正確に写し取る。そしてさらに、存在そのもののイデア・善そのもののイデア（神と等しいものと解釈される）を認識する。これが形而上学の課題だ。

ところが、あの世的な真理を目ざす哲学は確立した当座から矛盾をはらむことになる。完全な存在であるイデア界は自己充足的であり、この世を必要としないはずだ。イデア界は永遠のものを汚すような時間的、感覚的なすべての要素を免れた世界であるはずだ。ところが、プラトンはそのようなイデア界がこの世的なものを産み出すこと、被造物からなるこの世にもあの世の完全性や永遠性が反映していることを示唆した。プラトン晩年の書、『ティマイオス』における創造神デミウルゴスの世界生成の物語がそれである。

『ティマイオス』的な伝統を引き継ぐ西洋形而上学では、この世（世界）はイデア界に由来する神的な性格をもった宇宙としての性格を分かちもつ。神はすべての存在を創造した。この宇宙には、完全なものからはかなく不完全なものへと至る全存在が満ちていて、何一つ欠けていない。

あらゆる種類の不死のものが産み出された後にデミウルゴスは、死すべきものがまだ創造されていないことに気づく。これではいけない。もし宇宙にこういうものが欠けていると、宇宙は欠陥があることになる、「なぜなら完全になるためにはあらゆる種類の生物を含まねばならないのに、含まないことになるからだ」ゆえに「全体が真実に完全になる」ために創造者は、すでに創造されている神々に、死すべき存在を神々に似せて産み出す仕事を委託した。このようにして「宇宙は、死すべき生けるものの、不死の生けるものとにより完全に充たされ」それにより「英知的なるもののイメージであり――最も偉大で、美しく、最も完全で――いわば感知し得る神」となった。（五四ページ）

この世は死すべきものや悪しきものも含めてすべての存在で満たされているという観念、

これをラヴジョイは「充満の原理」と名づける。アリストテレスはさらに諸存在が階梯をなして存在しており、その間に隙間がないという観念をつけ加えた。ラヴジョイはこれを「連続の原理」と名づける。

†「存在の大いなる連鎖」

「充満の原理」と「連続の原理」によって理解された宇宙は、あらゆる存在によってびっしりと埋められた、その意味で完結した宇宙だ。ラヴジョイはこの世界観を、一八世紀の詩人、アレクサンダー・ポープが高らかに歌いあげた「存在の大いなる連鎖」という語に集約する。

> 存在の巨大なる連鎖よ、神より始まり、／霊妙なる性質、人間的性質、天使、人間、／けだもの、鳥、魚、虫、目に見えぬもの、／目がねも及ばぬもの、無限より汝へ、／汝より無に至る。より秀れしものに我等が／迫る以上、劣れるものは我等にせまる。／さもなくば、創られし宇宙に空虚が生じ、／一段破れ、大いなる階段は崩れ落ちよう。（六二ページ）

宇宙論的に神の業をほめたたえるこの観念が多くの学者・芸術家・宗教者によって華々しく唱えられた一八世紀だが、実はこの観念が内から掘り崩されていく過程が進行してもいた。すべてが満たされたという意味で完全な宇宙であるとすれば、悪は十分な意味をもって存在していることとなり、除去できるはずがないものとなる。これは人間の責任を重んじる道徳にとって受け入れがたい想念だ。

他方、自然に対する科学的知識が深まっていくと、欠落なく満たされているという観念にも疑いが生じてくる。一八世紀の半ばから進化という観念が広まり始めると、すでに完結した自足的宇宙という前提も揺らいでくる。そこで「存在の大いなる連鎖」は初めから予定されていたが、現段階では実現されておらず終末の時において実現するという折衷的な思想も生じてくる。

ライプニッツなどに典型が見られる「時間化された存在の連鎖の原理」だが、当初は完全なイデア界が既在するという形而上学の前提とかろうじて均衡を保っていた。ところがロマン主義がこの観念を受け継ぎ、あふれるような自然の多様性と人間の美的創造性の讃歌へと展開させると事情は異なってくる。ロマン主義の詩人哲学者、シラーはこの世の自然と人間の讃歌に近づきつつ、「存在の大いなる連鎖」の観念を次のように歌っている。

宇宙の偉大な主には友がなく／不足を感じた。それ故、自らの至福を写す／至福の鏡を創造した。／最高の本質は似たものは一つも見出さず、／本質の領域全体という盃より／無限が泡立っていた。（三一九ページ）

この世の自然や人間に高い価値と創造性を見出すこうした思想は、イデア界の先在という形而上学の前提を掘り崩す一歩手前にいる。そして、まさに一九世紀に入ろうとする頃、シェリングは絶対原理の先在を否定するところまで行き着く。

そのような先在を信じることは多くの理由で難しいがその第一の理由は簡単であり、もしそのような存在が最高の完成または完全さを現実に持っているとすれば、それによってその存在が——より高い完成度に達することはできないので——より低い完成度に下降することしかできないような、多くの他のものを創造したり産出する根拠（Grund）を持たなかったであろうというのがその理由である（三四一ページ）

ここでは、もはや神はあの世の絶対者や自己充足の完全者ではない。シェリングはポスト形而上学の生命進化論的な宗教思想に今一歩のところまで来ている。

このようにして、「宗教」はイデア界や宇宙の事柄としてではなく、人間の事柄として問われるようになる。ヒュームやカントやシュライエルマッハーはそのようにして、人間の事柄としての「宗教」を論じようとした先駆的な思想家たちだ。デュルケムやジェイムズやエリアーデを初めとする二〇世紀の思想家たちの宗教論の地平もそこから姿を現すだろう。

ラヴジョイは直接、宗教学の発生を論じたわけではないが、「観念の歴史」に光を当てることによって、西洋の近代宗教思想と宗教学の発生について広大な眺望を呈示してくれている。

カント『たんなる理性の限界内の宗教』（原著刊行年 一七九三、九四）
――倫理の彼方の宗教

イマニュエル・カント（一七二四―一八〇四）は言わずとしれた哲学史上の巨人だが、宗教学史上も転換点に位置する。理性とその彼方の境目にある「倫理」にこそ神と不死が顕現する入口があるとし、伝統的形而上学後の哲学と宗教を架橋したのだ。

†思弁的理性の限界

哲学的な考察によって、宗教信仰の必然性を知的に論証することができるだろうか。一八世紀まではそのように考えられてきた。西洋の形而上学の伝統は神の存在を弁証する役割を担っていた。一七世紀の科学革命を経ても、哲学が神の存在の説得を助けてきた伝統がすぐに失われてしまうわけではなかった。だが、啓蒙主義の世紀、一八世紀が進むにつれ、永遠なるイデア界の実在感が薄れ、「存在の大いなる連鎖」の信仰が崩れていく。一八世紀末には、神の実在や霊魂の不死を哲学が論証できるとはなかなか考えられなくなってくる。ヒュームの懐疑論の根底にあるものだ。

カントはこのような形而上学の危機、宗教の哲学的弁証の信用失墜を鋭敏に受け止めていた。そしてそのおおよそを承認した上で、新たに道徳を通して形而上学の場所を確保し、形而上学を再建し、宗教の哲学的弁証の可能性を何とか保持しようとした。

カントは『純粋理性批判』（一七八一年）で、これまでの形而上学的な神の弁証がもはや成り立たなくなっていることを確認していく。それは「思弁的理性」が人間の認識能力の枠内でしか機能しないこと、超越的な次元は思弁的理性が届きえない向こう側の領域、つまりは人知の及ぶ世界の彼方にあることを論証することだった。感性界（現象世界）を超えて理性はイデア界（英知界）に参与するはずなのだが、思弁的理性の範囲ではそれはかなわない。

だが、このように思弁的理性の限界を確認していくことは、形而上学のいわば最後の砦として「実践理性」の可能性を確保することと表裏の関係にあった。つまり道徳に関わる理性により超越的真理が把握できるということだ。『道徳形而上学原論』（一七八五年）と『実践理性批判』（一七八八年）において、カントは理性による道徳的法則の認識こそが叡知界の原理的実在へと至る道であると論じる。

†宗教的命題の「要請」

かいつまんで述べよう。道徳的な格律（判断基準）は「〜すべし」という形で述べられ、「命法」とよばれる。命法が「もし〜であるならば〜すべし」というふうに条件がついている場合、「仮言命法」とよばれる。たとえば、「もし人に信用されたければ正直であるべし」。この場合、信用されることによる自己利益が条件となっているので、自愛の原理が優先されていて真の道徳性の基準にそぐわない。また、普遍妥当性をもたず法則としての資格がない。

これに対して、自愛の原理を超越し、普遍妥当的に適用される命法が「定言命法」である。それは義務のための義務として自覚されるものであり、永遠の道徳法則への畏敬の念に基づいて遵守される。定言命法はいくつかの述べ方があるが、以下のものは比較的理解しやすいものである。

汝自身の人格にある人間性、およびあらゆる他者の人格にある人間性を、つねに同時に目的として使用し、けっして単に手段として使用しないように行為せよ。

わかりやすく言い換えれば、「自己をも他者をも手段として遇してはならない」ということである。この定言命法は理性が確証し、けっして揺るぐことがない道徳法則の表現である。そこにこそ叡知界をかいま見ることを可能にする道徳形而上学の法則がある。

これは他者への共感や慈悲心を動機として行為せよというふうに受け取りうるかもしれないが、カントの考え方は感情や身体的な次元に優位を与えるものではない。カントにとって道徳はあくまで理性の問題であり、法則に関わるものだ。超越性をもった永遠の法則に対する畏敬の念から行為せよというものであり、愛とはそのような法則に従って具現するにすぎないと考えられている。

以上、カントの精緻な道徳形而上学と実践理性批判のごくあらましにすぎない。このレベルでは、宗教はまだ論題にならない。宗教の前提なしに導き出せる論理だといちおうは述べられている。だが、実は『実践理性批判』ではそれに続いて、この形而上学的道徳原理は宗教的命題を「要請」せずにはいないという議論がついてくる。

形而上学的な基底をもつ道徳原理は個々人にとって「義務」として現出する。だが道徳が十全なものとして機能するためには、あわせて幸福という「目的」の次元が必要となるという。また、単なる「善」ではなく「最高善」が考慮されなくてはならないともいう。善も最高善によって方向づけられなくてはならない。そして個々人は道徳法則に従いつつ幸福の実現する最高善の道徳的完成に向かって進まなくてはならない。そのためには、神の実在の信仰と霊魂の不死についての信仰が必要だ。これは理論的に「証明」はできない。道徳法則に基づく十全な道徳の実践のために「要請」されるのだという。

†根源悪と善

宗教についてもっと積極的に論じているのは、『たんなる理性の限界内の宗教』だ。「たんなる」と「純粋」はほぼ同じ意味だから、「たんなる」といっても理性の本体を軽く見ているわけではない。カントは理性によって導き出せる「理性宗教」を擁護し、神からの啓示によって世に現れたとされる「啓示宗教」よりも優位に置いている。キリスト教はとりあえず後者なのだが、そこには十分に「理性宗教」として通用するものがあるという。『たんなる理性の限界内の宗教』では人間の弱さが強調されている。「根元悪」ということが言われる、道徳法則に畏敬の念をもっていても、それを守り抜くことができないのが人間だ。人間に責任があり、かつどんな人も免れることができない道徳的な悪である。つまり悪が人間の本性の中に根を張っている。この悪への生得的な性癖が根元悪である。だが、人間は「心術の革命」によってこの根元悪を克服し、善に向かうことができる。「かの離反にもかかわらず、よりよい人間になるべしという命令は以前にもまして私たちの魂に響きわたって」いるからだ。
つまり人間の心のなかでは悪から善への転換が起こりうる。人間の魂には根源的な道徳的素質があるので、それに立ち戻るということだ。とりわけ聖なる義務の理念を正確に認識しないまでも感じ取る可能性を人間はいつももっている。ではそれはどこから来たのか。

しかしこの理念の創始者は私たちではなく、むしろ理念の方が私たちのうちに住むようになったのであり、しかも人間本性がこの理念にたいして感受性をもちえたことからして、私たちには理解できないわけだから、まさしくそれゆえに、かの原像は天から私たちのところに降りてこられた、それは人間性を受け入れられたのである、とこんなふうにいった方が事態をいっそうよく表現できるのである。（八〇ページ）

この「原像」について、すぐ後の箇所では、「かの神の心術をもった人間が私たちにとっての原像として、御自身は聖であるのに、また聖なるものとして受難を耐え忍ぶいわれはないのに、それにもかかわらず世界の最善を促進するために、このうえなく大きな受難を引き受けられる」とも述べられている。ここでは、イエス・キリストこそ完全な道徳法則を体現した存在であり、根元悪に染まった人間が善に立ち戻ることができるのはキリストの模範のおかげであると述べられている。そしてこのような道徳的宗教は「キリスト教だけ」だとも示唆されている（六九ページ）。

†哲学者の宗教

カントの構想する「理性宗教」は徹底的に理性に忠実であるかに見えたが、実はキリスト教信仰を優位に置きキリスト教信仰を弁証するような構造をもっている。ここまで来ると初めの約束と違い興ざめのようでもある。だが、それでもやはり主体的な宗教思想としてあなどりがたいものだ。カントが切り開いた「宗教哲学」の様式はその後の宗教理論の有力な一流を形成していく。カントによって近代的な「哲学者の宗教」の堅固な形が整えられたと言えるだろう。

そこでは、形而上学の伝統が部分的に保存されている。カントの場合は、善を目指しつつ悪に陥らざるを得ない人間の条件、また他者を十全な他者として遇することができない人間の条件をめぐる倫理的なジレンマや自己／他者間の深淵をめぐって、普遍的な超越原理が措定される可能性が示唆された。そして哲学的自省によって絞り込まれた人間の条件についての省察と、伝統的な宗教の超越原理との間の照応関係が示され、「哲学」と「宗教」の融合する場所に焦点が当てられた。

伝統的な宗教儀礼や神話・教説に違和感をもつようになっても、倫理的なジレンマや自己／他者間の深淵は、主体的・実存的な宗教理論の主要な源泉の一つであり続ける。そうした潮流の元祖の一人としてカントを見直してもよいだろう。

シュライエルマッハー『宗教論』（原著刊行年 一七九九）
——宗教に固有な領域

フリードリッヒ・シュライエルマッハー（一七六八—一八三四）は、ドイツ・ロマン主義に棹さし合理主義批判の繊細華麗な宗教論で論壇に登場、宗教学の端緒を築いた。後に神学者となり、教条主義的な神学に抗い、リベラルな解釈学の形成に寄与した。

†宗教の本質を問う

宗教のいやな面であればすぐに思い浮かぶ。魅力のない宗教の姿ならいくらも例をあげることができるし、できればそうしたものから離れていたい。人類の自由や幸福を脅かすものとしてなら、宗教も研究に値するかもしれない。だが、自分自身がよき人生を生きるために、宗教は必要ない。自らの知的能力や美的感性や倫理性・社会性は高めていきたいが、宗教はごめんこうむる。

現代ではごくふつうの声だが、一八世紀末のドイツの教養層もいくぶん似た状況だった。

そんな風潮に対して、若きシュライエルマッハーは正面から挑戦した。――あなたがたの精神生活はそのもっとも重要な次元が欠けたものなのではないか。宗教こそ人間の魂を生かし高め揺り動かし、人生を意義あらしめるものそのものではないか。今ある宗教組織や宗教教義が宗教の本質を体現しているのではない。あなた自身の生きがいに関わることとして宗教を考えてみよう、と。

懸賞に当選し匿名で発表された『宗教論』は、当時の教養層に衝撃を与え、シュライエルマッハーは聖職者ではなく神学者、哲学者としての一生を送ることとなる。そして、近代の学問のなかに自己自身の主体的な事柄としての「宗教の本質」を問うという知の領域が確固たる場所をもつこととともなった。

シュライエルマッハーは宗教を「形而上学」や「道徳」に見ようとする考え方を厳しく斥ける。近代的な学問的世界像とキリスト教を両立させようとして、宗教を理論的に弁証しようとするような試みに強く反発している。「宗教の歴史の中には、汚れた非道徳的な汚点がおびただしくのこっていること」に注意を促してもいる（三五ページ）。

道徳や形而上学と宗教とを結びつけた議論は、長らく西洋のキリスト教や哲学をめぐる言説を支配していたが、シュライエルマッハーがとりわけ鮮明に意識していたのは、当時、天才的な理論家、イマニュエル・カントが「厳密な理性の使用」によって組み上げていった哲学的キリスト教だろう。

宇宙を分類し、存在するものの必然性を演繹し、世界の法則をつむぎだす形而上学——「宗教はこういう領域へ迷いこんではいけないのだ」。人間と宇宙の関係を論じて、もろもろの義務の体系を引き出して、各種の行為を絶対的な力で命令すること——「こんなことも宗教はやろうとしてはいけない。」(三六ページ)

シュライエルマッハーの父は従軍牧師だったが、主流のキリスト教にあきたらず、息子が九歳の時、霊的覚醒を経験し敬虔主義に転じていた。五年後、息子もモラビア兄弟団の学校で回心を体験、初めて深い信仰に目ざめた。大学ではギリシア的伝統を尊ぶフマニスムス(人文主義)の影響を受け、ロマン主義の才能ある若者たちと親交を結びもした。こうして苦しい懐疑をくぐり抜け、神秘主義的な信仰の意義を再確認するようになる。そうしたブレークスルーの息吹の中からこの力強くかつ初々しい著作は生まれている。

†「直観」と「感情」

では、宗教の本質は何か。それは、「直観」であり「感情」である。

宗教は形而上学のように、宇宙をその本性に基づいて規定し、説明しようとは望まないし、道徳のように、自由の力や神のごとくに気ままな人間の自由意志から宇宙を形づくり、完成しようともしない。宗教の本質は、思惟することでも行動することでもない。それは直観そして感情である。宇宙を直観しようとするのである。宇宙の独自な、さまざまな表現、行動の中にひたって、うやうやしく宇宙に聴き入り、子供のようにものを受け入れる態度で宇宙の直接の影響にとらえられよう、宇宙に充たされよう、とするのである。（四二ページ）

直観とは宇宙からの働きかけを受けとめることである。人間は受動的な存在として、無限なるものに感応するが、それを制約されたものとしてしか表現できない。人間は個別的なもの、孤立したもの、断片的なものしか手にしえない。そこから体系的なものを組み立てようとしたところで、すでに人間は直観を離れている。抽象的思考は宗教とは関係がない。個人がつかみうるのは、宗教の一部にしかすぎない。このことの自覚からつつましさや寛容も生じる。

シュライエルマッハーは宗教が排除や闘争や破壊に向かいがちであることを強く意識している。だが、それは宗教そのものに由来するのではなく、宗教を体系や形而上学や命令としての倫理に結びつけることによって生じると考えている。「体系を求める要求は、異質なものを排する。いかにそれが考えうるもの、真実なものであっても、異質なものが場を占めることによって、よくまとまった固有の系列を破壊し、美しい関連を妨げるかもしれないからだ」(五二ページ)。

体系欲にかられると争ったり、相手を迫害したりせずにはいない。これは現代的な宗教理解からもわかりやすい宗教批判の視点だ。他方、宗教的直観の方は信頼できる。それは異質なものを排除せずに、多様なままの共存を受け入れる。「ところが、無限なるものの中では、すべて有限なものもなんら妨害をうけずに並び立ち、すべてが一であり、真実である。(中略)まことに永遠を見る人々は、いつも静かな魂をもち、自分ひとりでいることも無限と共にいることもあったが、周囲を見まわして偉大な言葉を理解している人がいれば、その人の独自なやり方を喜んで、寛大に認めたのだった。」(五二―三ページ)

直観は「感情」を引き起こす。思弁でも行為でもなく、感情にこそ宗教の本来の領域がある。それも受動的で内面に沈潜するような方向性をもった感情だ。ここでは宗教感情のある側面だけを強調しているように思える。「宗教感情というものは、その本性から、人間の行動力を麻痺させて、静かな、献身的な享受へと誘う。だから、もっとも宗教的な人々の中で、行動へ駆り立てるような促しを受けなかった人、宗教以外には何ものも持たない人は、現世をすてて寂然とした観照にわが身を委ねることになった。」(五六―七ペー

ジ）

後の『信仰論（キリスト教信仰）』（一八三〇―一年）で、シュライエルマッハーは宗教的感情を「絶対依存の感情」と特徴づけた。自由の感情が芸術の方に適合的なのに対して、自由な行為が放棄されたところで生じる依存の感情にこそ宗教の真髄があるとされる。「内部生命の充溢」が強調されるように個人的な内面的体験が強調されている。内面的な信仰を重んじる、ドイツ敬虔主義の伝統を受け継ぐ学者らしい特徴だ。

†宗教に固有な領域は存在するか

個人的な体験の意義が強調されるのは近代宗教思想にしばしば見られる特徴だが、シュライエルマッハーによって基礎づけられ、ルドルフ・オットーの『聖なるもの』（一九一七年）を経て、二〇世紀の宗教学における宗教理解の有力な潮流を形作ることになる。語り得ない宗教体験は、人々の心のうちにおいてこそ如実なものであり、外面的な形式に押し込むことはできない。宗教は人間生活に固有な領域をもつが、それは個人の心の中にある。このように、『宗教論』の宗教観は個人主義的な人間観と支え合っている。

外面的な統制をきらうシュライエルマッハーの宗教理解は、アナーキーと言ってもよいようなところもある。宗教に親しむには確かに仲介者や指導者が必要かもしれない。だが、何かに従属した段階に留まっていてはならない。宗教生活を型にはめるような教義も経典も本来的なものではない。神や不死の観念も不可欠ではない。「経典などは、どれも宗教の霊廟にすぎない」（九七ページ）とまで言う。多様性は歓迎すべきものだ。シュライエルマッハーは多様な宗教の共存を認める自由主義的な神学を基礎づけた人物でもある。

だが、シュライエルマッハーは宗教は単に個人の事柄であるだけではなく、必ず社会的でなければならないともいう。自分ひとりでは確かな経験かどうか知り得ない。また自分が得たものを人に伝えずにはいられない。経験を仲間とわけもつ必要がある。しかし、そこで形成される共同性は、今現実にある「教義的教会」である必要はない。そこでは堕落した宗派心が避けがたく生じてしまう。

しかし、どんな宗教共同体も不和と分裂が避けがたいというわけではない。「まことの教会」が必要だ。そこでは真の友愛関係が成り立つ。「まことの宗教集団にあっては、すべての伝達が相互的である」（一五二ページ）。また、まことの教会によって集団の外壁が取り払われ、宗教界全体が一つになるはずだともいう。楽観的な未来展望である。

外面的な宗教社会は、はっきりした輪郭をもたず、いろいろな部分があちらこちらにあり、すべてがなごやかにまざりあう流動的なものとなることによってはじめて、まことの教会にそなわった普遍的自由と、壮大な統一に、少しずつ近づいてゆく。
（一七七ページ）

シュライエルマッハーは「宗教」に固有の領域があることを強調し、それを輪郭づけようとした先駆的な思想家だ。これは近代人、現代人にとって魅力的な考えで、宗教学の発展を背後で支える働きもしたと思われる。だが、いくつか難点がある。そもそも諸宗教に共通の「宗教コア」などあるのだろうか。また、多領域と宗教領域は截然と区切られるものなのだろうか。キリスト教、とくに内面を重んじるプロテスタントの世界観や人間観に引きずられていないだろうか。

ニーチェ『道徳の系譜』（原著刊行年 一八八七）
——宗教批判と近代批判

フリードリヒ・W・ニーチェ（一八四四—一九〇〇）はキリスト教と形而上学に激しく「否」をたたきつけた思想家。揺るがない価値の根源であるはずのものが、生の否定を志向するものだとして批判される。では、ニーチェは宗教の何を批判したのか？

†宗教批判論

宗教学は神学や教学から多くを学ぶとともに、宗教批判論に強い関心を寄せる。宗教批判は宗教について多くを教えてくれる。現代では宗教批判論の助けなしに、宗教についての深い理解はなしえないだろう。この点で、マルクス、ニーチェ、フロイトは宗教学史のたいへん重要な登場人物となる。

西洋のキリスト教が伝統的な形而上学の支えを失いそうになったとき、宗教は人間の事柄として受け止められざるをえなくなった。宗教学は人間が生み出したものとして宗教を考察しようとする。ヒュームが人間性（人間の自然）への鋭い洞察に基づいて宗教を考察しようとしたとき、宗教をめぐる知の新たな地平が切り開かれた。カントやシュライエルマッハーもヒュームの切り開いたこの地平に立ち、形而上学の危機のなかから「宗教」を救い出そうとしたと言える。

およそ一世紀後に現れたニーチェは、これら近代西洋思想の先達による形而上学の危機への対処や宗教理解を生ぬるいものと受け止めた。そしてほとんど冒瀆的な激しさで、形而上学を、またキリスト教（とユダヤ教）を攻撃した。他方、ニーチェは仏教にはいくぶんか好意的な眼差しを向けていたが、結局、仏教もデカダンスの表れとして拒絶される。ニーチェの宗教批判は、文明社会を支えてきた「高等」宗教として敬意を寄せられてきた宗教に対してこそ向けられている。

†生の否定としての宗教

キリスト教に対する批判は『道徳の系譜』で基礎づけられ、「奴隷の道徳」、「同情の道徳」、「ルサンチマン（妬み＝憎しみ）」がやり玉にあげられる。その際、ニーチェが採用した批判論の方法は、二〇世紀の後半になって、フェミニズムやポストコロニアル批評（植民側に都合のいい見方考え方の批判）、ひいては構築主義（人々の認識の基礎が政治的に構築されているとする立場）といった思潮を形作るのに貢献することになる。道徳意識は歴史的に形成されるものであって、その経過を解きほぐしていくことによってそこにはらまれる暴力性を露わにし、自由を取り戻す可能性が生じる。これがニーチェ的な「系譜学」だ。

元来、価値は強者の生の充実の実感に由来するものだった。「高貴な人々、強力な人々、高位の人々、高邁な人々が、自分たち自身および自分たちの行為を「よい」と感じ、つまり第一級のものと決めて、これをすべての低級なもの、卑賤なもの、卑俗なもの、賤民的なものに対置したのだ。こうした距離の感じから、彼らは初めて、価値を創造し価値の名を刻印する権利を獲得した。」（二二―三ページ）この貴族的価値判断が没落し、かわって僧職階級の支配が広がると同情や非利己的なものが称揚される。実は、弱者が群れ合って恨みをはらし、高貴な精神を引き下ろそうとする畜群本能が勝利したのだ。イエス・キリストが、また僧職者が羊の群れを導く牧者にたとえられるのを、ニーチェはこう解釈する。

――道徳上の奴隷一揆が始まるのは、ルサンチマン（反感）そのものが創造的になり、価値を産み出すようになった時である。ここにルサンチマンというのは、本来のレアクション（反動）、すなわち行動上のそれが禁じられているので、単に想像上の復讐によってのみその埋め合わせをつけるような徒輩のルサンチマンである。すべての貴族道徳は勝ち誇った自己肯定から生ずるが、奴隷道徳は「外のもの」、「他のもの」、「自己でないもの」を頭から否定する。そしてこの否定こそ奴隷道徳の創造的行為なのだ。(『道徳の系譜』三六―七ページ)

高貴なものの生の喜びがことさらに否定されて、悩める者、乏しき者、病める者、醜き者への同情こそが価値あるものとされる。弱者が自己肯定し、高貴な者を引き下ろそうとするところに利他主義の背後の隠れた動機がある。罪意識や良心のやましさに高い価値が与えられるが、実は外に展開すべき本能的意欲が抑圧され内面化して自らを苛《さいな》んでいるにすぎない。挫折の末の自己攻撃による感情が、無気力な大衆の救いを導き出す根拠に引き上げられてしまう。

宗教史の解釈は以下のようになる(『アンチクリスト』一八八八年)。元来、ユダヤ人の神エホバも民族の自己肯定の感情を担う神だった。ところが他民族に抑圧された後、ユダヤ人は同情道徳に引きずられ、ユダヤ教は愚民を導く僧職者の権威を振りかざす宗教となる。イエスはこれに叛逆して平和を求めた。そこには「良き知らせ(福音)」があった。だがイエスは十字架にかけられ死ぬ。この敗北により今度はその弟子たち、とりわけパウロがユダヤ人の僧侶的本能で憎悪を正当化する。そして来世での報いや永遠の生命のような空手形を掲げて、抑圧の補償を求める信仰の価値を称揚する。「福音」は「禍音」に変えられてしまった。

仏教はこのようなルサンチマン的道徳に根ざしてはいない。仏教はもっと現実をあるがままに認めていて「実証主義的」だ。仏陀の言葉を保存している法句経に「恨みをはらすことによっては恨みは終わらない」とあるように、ルサンチマンを正当化し、他者に敵意を向けて禁欲を強いるようなことはしない。

仏教は血の気の多い若者のどす黒い恨みに導かれてはいない。ただ、老い衰えていく者の「賢さ」に似て、ひたすら苦しみを避け平静な心、晴れやかな心を求める。だが、これも生の否定の別の形だ。あまりに消極的な平安ではないか。喜びを放棄してしまっているからだ。苦しみと喜びを分けて後者だけを望むことはできない。

苦しみを覚悟しつつ生の充実を求めることこそ好ましい。これを否定する仏教は、キリスト教とは異なるが、やはり生を否定するデカダンスの宗教、ニヒリズムの宗教だ。キリスト教も仏教も苦しみや弱さに挫け、挑戦し何かを勝ち取ろうとする生の営みを否定している。救済宗教（これはウェーバーらの用語、文明社会を形作った歴史的諸宗教を指す）がこの世を超えた領域にゴールを置き、この世の価値を限界づけるとき、そこには生の葛藤とそれ故の生の充実からの撤退が含意されている。

『道徳の系譜』では、こうした生の否定をもたらす禁欲主義的理想は、イデア界に沈潜しようとする形而上学や生からことさらに距離をとろうとする「客観的科学」にも受け継がれているとも論じられている。宗教と学問、キリスト教とプラトン主義が結託して、近代人の自己監視や防衛的自己規律を導き出すこととなる。西洋の知、近代の知に対するきわめて悲観的な評価だ。

†二つのニヒリズムと、「高等」宗教批判

ニーチェがニヒリズムというとき、異なる二つの意味がある。一つはすでに述べたような意味での受動的ニヒリズム、キリスト教の「奴隷道徳」に宿っているようなニヒリズムだ。他方、超越的次元を否定したときに待っている意味喪失の深淵、無の深淵に耐えて、新たな価値を創造しようとしたのが能動的ニヒリズムだ。「最高の諸価値が無価値になること」、目指すべき目標が、何のためという根拠付けの言葉が失われてしまったことを認めて、なおそれに耐えていく人間（あるいは超人）の立場だ。それは「神は死んだ」、いや自分たちこそ神を殺したのだと率直に認めることであり、あらゆる苦難や悲しみが繰り返し生起する「永遠回帰」にたじろがず、「それでよし」と言うことだ。

ニーチェが批判するのは、宗教がことさらに現実の生を否定するように見える局面だ。

それは「高等」と考えられているキリスト教や仏教において顕著に見られる特徴だ。進歩の観念がますます支持者を増しつつあった時代に、ニーチェは進歩した文明を支える「高等」宗教（救済宗教）にこそ「ノー」をたたきつけた。これは理性や文明を掲げる近代による「宗教」批判ではなく、文明と近代の困難を見すえた「宗教」批判だ。だから、ニーチェはときに救済宗教「以前」の宗教に好意的である。

古代ギリシアの宗教性について私が驚嘆するのは、そこに感謝が抑えがたいほど豊かに溢れていることである。かくのごとくに自然と生命の前に立ちうる者は、非常に高貴な種族である。後になって、ギリシアを愚民が制するようになったとき、宗教の中にも恐怖がはびこった。そして、キリスト教が準備された。（『善悪の彼岸』四九節、八三ページ）

ここに「種族」の語があるが、ニーチェはときに「民族」の昂揚に対しても肯定的だ。ルサンチマンの宗教がもたらす排除を厳しく指摘したニーチェだが、高貴な個人や「種族」、力ある「民族」がもたらす排除の暴力は意に介さない。

近代の頽廃を憎むあまり、超近代を目指す全体主義思想の台頭に手を貸した思想だという嫌疑をすっかり晴らすことは困難だ。ニーチェの宗教批判がきわめて鋭く射程の長いものであることを認めた上で、キリスト教、ユダヤ教、仏教のある局面がとくに誇張された批判であることも確認しておきたい。

Ⅲ　近代の危機と道徳の源泉

引きつづき西洋の宗教理論の展開に注目している。近代の学知が宗教を見捨てた当座は、勝ち誇った理性が人間中心の幸福な未来社会を思い描いていた。一九世紀という「進歩」信仰の時代には、宗教は過去のものと見なされる傾向が強まった。他方、「進歩した宗教」の価値を説くことが、宗教学の一つの役割にもなっていた。

しかし、進歩が明るい発展ばかりではなく、新たな危機を生み出すことへの恐れも高まってくる。ニーチェが警告したように「神が死んだ」のだとすれば、そこに生じた欠落から何がもたらされるのか。第一次世界大戦は悪夢が現実となったことの証明だった。

世紀末から大戦に移行する時期、「近代の危機」に目を据えながら、神なき時代の道徳と社会について思いをめぐらした宗教論の名著が次々と著されていった。ウェーバーは宗教こそが近代化推進の要因だったのだと説いた。進歩史観に即して理解することもできるが、実はペシミストとしての顔があり、だからこそ長く影響を保ってきたのだ。

同時期の宗教論の大きな刺激剤となったのは、「トーテミズム」と「供犠」だった。未開人の宗教研究を通して、「宗教」の起源が明らかになると考えられ、そこからキリスト教にかわって社会秩序の基礎となるものは何かを考えようとしたのだ。フレイザーはこの問題系の基礎づくりをし、フロイトとデュルケムはそれぞれ独自の答えを提示した。

フレイザー『金枝篇』（原著刊行年　一八九〇、一九二二）
――王殺しと神殺し

ジェイムズ・フレイザー（一八五四―一九四一）はスコットランド生まれの社会人類学者。古典学の素養を土台に世界の諸民族・諸部族の宗教文化を広く探索して著した大著『金枝篇』（*The Golden Bough*）は宗教学・宗教人類学に巨大な影響を及ぼした。

†宗教起源論と宗教進化論

狭い意味での宗教学が体系的な学科《ディシプリン》として基礎を固めるのは、一九世紀の最後の三〇年ほどの間のことだが、それはまた進化論の時代でもあった。生物の進化の過程が明らかにされてくるのに刺激されながら、人類文化の進化の過程を理論づける試みがなされていた。他方、世界の諸文化についての見聞録や研究資料の蓄積も進んでいった。文明社会から部族社会まで、先史時代から現代までの人類文化を広く見渡して比較することが意義深く感じられていた。

そこで次のような問いが立てられた。人類はいつから宗教をもつようになったのだろうか。人類の最初期の宗教はどのようなものだったか。そしてそれはどのように変化して現代に至っているのだろうか。エドワード・タイラーのアニミズム論(『原始文化』一八七一年)に発し、一九五〇年代ぐらいまでは広く受け入れられていた、この宗教起源論と宗教進化論の意義は、今では大いに疑われている。だが、宗教起源論と宗教進化論を通して生み出された宗教学の道具立て、つまりは人類の宗教史を整理する概念や解釈枠組みは今も生きており、さまざまに生かされている。

人類の原初的な信仰は、物質的存在と区別される精霊(spirit)への信仰だというアニミズム説、それより前にメラネシア人が「マナ」とよぶ(アメリカ先住民は「オレンダ」とよぶ)ような神秘的な力への信仰があったとするマナイズム説(アニマティズム説)、いや小さな精霊や局所で働くマナへの信仰以前に世界全体を見守る「最高存在」への信仰があったという説などが唱えられた。だが、それら以上に、多くの人々を魅了したのは「トーテミズム」という概念だった。

部族を構成するそれぞれの氏族が、動物や植物の種の名前でよばれている。これがアメリカ先住民の語を借りて「トーテム」と称されるものだ。それぞれの氏族はトーテムが自分たちと神秘的なつながりをもつと感じており、ふだんはその種を食べない。神秘的な力があるとしてトーテムを尊ぶのだが、重要な祭の時は皆でともに食べる。また、同じトーテムの仲間は血がつながっているので結婚しない。つまり、近親相姦の禁止とも関わるというのだ。

ジョン・マクレナンが「動物と植物の崇拝」（一八六九―七〇年）という論文で用いた「トーテミズム」という概念に魅了されたのが、『セム族の宗教』（一八八九年）の著者、ロバートソン・スミスとその友人であるフレイザーだ。この二人がトーテミズム論の宣布普及者となり、世紀転換期の宗教研究へ野心的な理論家を次々に引き込んでいくことになる。

†人間供犠と神殺し

『金枝篇（黄金の枝）』は一八九〇年に二巻本の初版が出たが、一九〇〇年に改訂三巻本、一九一一年から一四年にかけて大増補による全一二巻の大作として刊行しなおされた。手に取りやすい岩波文庫版は五冊からなるが、一九二二年に作られた簡約一巻本を訳したものだ。五冊のうちの最初の一冊には宗教と呪術と科学の関係についての論説が出てくる。呪術は誤った思考に基づいている。類似したものは感応しあうとか、結合・接触していたものは感応しあうなどと考えてしまうことから、雨乞いをしたり病気治しの呪術が行われるという。人知が発達してくると科学に依拠したり、人力の及ばないものは神に委ねるとして宗教へ向かったりする。呪術は知性の劣った段階の人類文化を代表するという啓蒙主義的、進歩主義的解釈だ。だが、呪術理解の勘どころをうまく押さえているので、フレイザーの宗教学への貢献として、現在もっともよく引かれるのはこの呪術論だ。

『金枝篇』では「トーテム」への言及は目立たない。第二版の序文では、この本は「トーテミズム」説を採用しないと断っている。では、本書のテーマは何かというと、植物霊、とりわけ穀物霊信仰と人間供犠（人身御供《ひとみごくう》）、また神殺しである。フレイザー自身、そのように示唆している。

だが、これはトーテミズム論で喚起された知的熱狂を別のテーマで偽装したものと言える。トーテミズム論とは実は人間供犠と神殺しに関わる宗教起源論だった。フレイザーはトーテミズム論の魅力がそこにあることを自覚しており、論議が多いトーテミズム論には深入りせずに人間供犠論と神殺しに人々の注意を喚起しようとしてこの書を書いたといってよい。

「黄金の枝」という題は、ローマ近郊、アリキアのネミという村に古代ローマの時代からあったという、森の女神ディアナの神殿をめぐる伝説に由来する。この神殿の祭司は「森の王」とよばれ、男は誰でもなることができる。村の近くの森に生える聖なる樹木の黄金の枝を折り取ってくることによって、挑戦する資格が与えられる。力が弱ってきた祭司を打ち倒すことができれば、その男は新たな「森の王」になるという伝えが大著のすべての論述を支える役割を与えられている。

要するに神聖な「森の王」は殺されるのだ。なぜか。フレイザーは楽しげに博覧強記の謎解きを進めていく。未開社会から日本のミカドに至るまで神聖王は尊ばれるが、力を失ったときは社会の危機である。だから、神聖王を殺して新たな王を即位させ社会を蘇生させる王殺し、神殺しが必要になる。これは狩猟民、遊牧民から農耕民に至るまで広く見られる信仰だが、とくにアーリア人にとっては穀物霊を尊ぶ信仰と儀礼がなじみ深い。

エジプト、ギリシア、ローマの宗教において、穀物の死と再生の信仰が大きな位置を占めていた。ヨーロッパのカーニヴァルから火祭り、そしてメイポール(豊作を祈る五月の緑の木の祭り)やクリスマスツリーに至るさまざまな民俗信仰に、その痕跡は残っている。衰えた者を殺し、若々しく力ある神聖王を招き寄せることによって、豊かな穀物の実りが保証されるのだ。

> アリキアの祭司はなぜその前任者を殺さねばならなかったか。(中略)今ここに答えが与えられた。もし私の説に謬りがないとすれば、アリキアの祭司は、共同社会の安寧と自然一般の運行すらもその生命の上に緊密に依存しているところの、あの神聖

な王または人間神の一人だったのである。（中略）彼らが認め得る最悪のことは、病弱老衰のいずれであるかを問わず、その統治者の自然死なのである。彼の人民たちの見解によれば、このような死は彼ら自身とその財産の上に致命的な災厄をもたらすことになるからである。（中略）このような破局を避けるためには、王の神人性がなお満開の状態にあるうちに彼を殺して、その神的生命をくもりないままにその後継者に伝えることによって若々しさを更新せしめ、（中略）種播きと収穫、夏と冬、雨と日照とが決して失敗することのない担保と保証とを永久に新鮮で若々しくして置くことが必要になるのである。（第四冊、二一四―五ページ）

しかし神聖な王が殺されることによって共同体の生命が更新されるという信仰は、実はキリスト教の信仰の基底をなすものではなかったか。フレイザーが人間犠牲や神殺しにこだわる時、十字架のイエスの犠牲の信仰、またそれを記念してキリストの血と肉をともに食する聖餐というキリスト教の中心的な救済儀礼が念頭にある。知性の不足による呪術的心性を超えた知的宗教であるはずのキリスト教、その根底に実は呪術的な世界観があった。

†西洋社会の未開性

フレイザーは本書の初めの方で展開されている呪術論で、進化の前線に位置しているはずの西洋の近代的知性の優位を説いていた。だが、後半ではその西洋近代文明の基盤を作ったはずのキリスト教について突き放した見方をしている。キリスト教は未開社会以来の、とりわけ神聖王や穀物霊の信仰に伴う人間犠牲や神殺しの宗教の名残でもある。

このようにキリスト教にアイロニカルな見方をするフレイザーは、同時代の西洋人自身が未開人とさほどの違いはないことを示唆してほくそえんでいるかのようだ。それは、同時代の西洋社会も神秘的な威力に基づく共同体の生命力の維持と更新という課題に、今なお直面していることを自認することでもあった。

フレイザーは第一次世界大戦の巨大な破壊の現実を尻目に、『金枝篇』の改訂作業にこだわり続けた。日々の営みを支えている知的文明人の優越感と現代文明の根底の欠如への奥深い不安との奇妙な混合。一九世紀末以来の宗教学は、ここに見られるような矛盾した心理的動機を自らの内に抱え込んできた。

『金枝篇』では、農耕文化に典型的に表れる死と再生の表象が巧みに描き出されている。また、宗教的な基礎から切り離されつつも維持されてきたヨーロッパの異教的習俗の背後に、深い宗教的意味世界があることを明らかにしてもいる。呪術論と並ぶ本書の貢献だ。だが、本書は何よりも「宗教」や「未開人」を異質なものとして囲い込み周辺に追いやりつつ、なお「宗教」や「未開人」に脅かされかつ魅了され続けている現代人の姿を浮彫にしている。

ウェーバー『プロテスタンティズムの倫理と資本主義の精神』(原論文刊行年 一九〇五)
——宗教の自己解体

マックス・ウェーバー(一八六四—一九二〇)の巨大な社会学体系の中核には宗教社会学があった。インドや中国の宗教史についても精緻な解釈と意義深い比較を行ったが、その学的支柱はユダヤ教から近代に至る西洋宗教史の理解にあった。

†宗教が近代化を促進するという逆説

熱心な信仰生活に打ち込む人々が近代化を推進し、その結果、多かれ少なかれ世俗的な近代社会ができる。宗教の外から合理化・世俗化が進められ、宗教の影響力が減っていって近代化したというのなら分かりやすい。だが、宗教自身が近代化の推進者になる。これが西洋社会で起こったことだとウェーバーは論じる。

これは少し分かりにくい。宗教が自分で自分の首をしめたということにもなる。しかし、この逆説にこそ西洋近代の、ひいては「近代」そのものを理解する鍵があるのではないか。

そうだとすると近代社会においても宗教がなお深い意義を保っているという理解となる。近代人は世俗的であり、近代化とともに宗教は過去のものになるという支配的な考えとは異なる立場だ。次に取り上げるデュルケムと同じく、ウェーバーも宗教が失われていくように見える近代社会を支えるものが何かを不安げに問うている。

†世界の呪術からの解放

ウェーバーの宗教社会学を理解する時に注意しておかなくてはならない用語の一つに「世界（現世、この世、俗世間、world, this-world）」がある。近代人はあらゆる資源を用いて人工物を作っていき、それによって豊かさを得てきた。世界を合理的に変革していくところに近代社会の特徴がある。

人が世界（現世）と融合していたようなあり方から、世界から意識が切り離されて世界を効率的に組織化していくようなあり方への変化であり、経済で言えば資本主義の広まりだ。これをウェーバーは「世界の呪術からの解放」（脱呪術化）と表現する。また、その変革以前の人間精神のあり方を「呪術の園」にまどろんでいたととらえる。

「呪術の園」からのまどろみを破って、世界の変革に邁進する精神の働きは宗教に由来するという。ここはウェーバーが少し強引な議論をしているところで、「なぜ西洋だけが独力で近代世界を形成したか」を宗教に関係づけるためのきわどい論述だ。西洋キリスト教世界、とりわけプロテスタントこそが「世界の呪術からの解放」を徹底的に遂行する思想資源となったという。

カトリック教会では秘蹟《サクラメント》（聖礼典）によって救いが約束される。神からの恩寵を期待して同信者とともに安らぐ呪術儀礼的心情が保たれた。使徒パウロらが示したような孤独な個人の信仰による救いと並んで、儀礼による救いが容認されてきた。プロテスタントは教会ヒエラルヒーの権威とともに、贖宥状《しょくゆうじょう》（免罪符）に代表される呪術儀礼の有効性を否定した。

プロテスタントの中でもカルヴィニズムをはじめとする現世（世界）内禁欲の倫理性をもつ諸派が重要だ。現世内禁欲というのは、修道院のように現世から断絶した場所で禁欲生活を送るのではなく、現世の職業生活・家族生活等の中でこそ宗教的な動機に基づく禁欲倫理が実践されることをいう。勤勉・倹約等々の徳目が重んじられ、きまじめに実践される。つまりは現世の生活の全面的合理化が進められ、近代化を導き出す力となる。

現世内禁欲を動機づける教説として、ウェーバーはカルヴァンの予定説に注目した。カルヴァンは神と人間の断絶を強調した。人間が神の意志を知ることはできない。その人が永遠のいのちを得られるか地獄に堕ちるかは神のみが知っていて、礼拝や善行を行うことでそれを変更するなどというのは呪術的思考の名残で、身の程を知らぬことだ。

たとえば、神に捨てられた者がその運命の不当を訴えるとしても、それは獣類が人間に生まれなかったのを呟くのと同じだ。けだし、すべての被造物は越ゆべからざる深淵によって神から隔てられており、神がその至上性に栄光あらしめるために別の決定をなし給わないかぎり、神のみ前にあってはただ永遠の死滅に値いするだけなのだ。われわれが知りうるのは、人間の一部が救われ、残余のものは永遠に滅亡の状態に止まるということだけだ。人間の功績あるいは罪過がこの運命の決定にあずかると考えるのは、永遠の昔から定まっている神の絶対に自由な決意を人間の干渉によって動かしうると見なすことで、あり得べからざる思想なのだ。(一五三ページ)

となると人は何をしようと自分が救われているという確信をもつことができない。つねに向き合いながらその意志を知ることができない神を前に、不安の中にたたずむ孤独な個人がいる。しかし、もし神がその人を救いに定めたのだとすれば、その人は救いにふさわしく神の栄光を現世に表すような生涯を送るだろう。沈黙する神を前にしたこの孤独と不安の中で、救いの確証を求めた現世内禁欲倫理が実践される。

†「鉄の檻」に苦しむ近代人

やがて神の実在が意識されなくなっても、醒めた意識で合理的な営利に専念する「資本主義のエートス」は残るだろう。こうした精神環境のもとで育てられた孤独で不安な近代人は、ついには自らが築きあげた合理性の「鉄の檻」に呻吟することになるかもしれない。以下の引用は本書の末尾の部分からのものだ。

今日では、禁欲の精神は――最終的にか否か、誰が知ろう――この鉄の檻から抜け出してしまった。ともかく勝利をとげた資本主義は、機械の基礎の上に立って以来、この支柱をもう必要としない。禁欲をはからずも後継した啓蒙主義の薔薇《ばら》色の雰囲気でさえ、今日ではまったく失せ果てたらしく、「天職義務」の思想はかつての宗教的信仰の亡霊として、われわれの生活の中を徘徊している。(中略) こうした文化発展の最後に現われる「末人たち」»letzte Menschen« にとっては、次の言葉が真理となるのではなかろうか。「精神のない専門人、心情のない享楽人。この無《ニヒツ》のものは、人間性のかつて達したことのない段階にまですでに登りつめた、と自惚れるだろう」と。

――(三六五―六ページ)

本書のつきない魅力の一つであり、とりわけ二一世紀の読者に訴えかける力の大きな源はこのペシミスティックな現状理解にある。だが、確かに現代人は「鉄の檻」に苦しめられているとして、それが神と人間の断絶の教説によるものかどうか疑問がある。「世界の呪術からの解放」を進める宗教思想としてウェーバーがカルヴィニズムを選んだのが適切かどうか、問い直してもよいだろう。

禁欲的プロテスタントの重要な一派としてウェーバーも重視しているメソディズムでは、神と人間の間をつなぐ「聖霊」に高い地位が与えられている。現代世界のキリスト教において聖霊の地位が高まっていることをどう理解すればよいのか。神との一体性を体験することの中にこそ、近代人の癒しと安らぎが、したがって生きる力の源泉も求められるのではなかろうか。ウェーバーの宗教社会学からはこうした問いへの答えは出てこない。

非西洋世界、たとえば日本の近代において新宗教のような呪術性の濃厚な宗教運動が発展した理由も理解できない。現代芸術において呪術的な機能が見直されていることの意義もわからない。要するに現代では、「世界の再呪術化」をどう理解するのかが問われている。ウェーバーの功績を認めた上で、ウェーバーに欠けていた視点をどう補っていけばよいのか。これが「ウェーバー以後」の重要な考察課題となっている。

†合理化を進めるカリスマ

　とはいえ、ある種の宗教性こそが人間精神の「合理化」に寄与するというウェーバーの洞察はなお啓発的であり続けている。ここで「合理化」にカッコを付したのは、ウェーバー自身が合理性にさまざまな意義を与えそれらを区別しようとしたことを踏まえている。人類史において宗教の合理化を、ひいては人間精神の合理化を推し進めたエイジェントとして、ウェーバーは預言者と祭司と市民階層を取り上げる（『宗教社会学』『宗教社会学論選』）。なかでも重要なのは預言者だ。

　政治社会学（支配の社会学）では預言者にあたる存在は「カリスマ」的指導者として論じられる。預言者やカリスマは個々人の心の奥底に訴えるものをもち、その力によって個々人の生活全体を一新させる。新たな一貫した価値観や倫理的態度が組み立てられる。その中核には「救済」のメッセージがある。また、お互いが助け合うべき存在だと自覚するところから生じる「同胞倫理」がある。

　救済、預言者、模範預言、倫理預言、カリスマ、同胞倫理といった概念はウェーバー宗教社会学の偉大な遺産だ。なぜ西洋だけが独力で資本主義を生み出したのかという問いこそ、強力な学問的思考を刺激した。だが、そこに西洋中心主義が潜んでいることは疑えない。また、読書人的な理性信奉、身体性軽視の傾向が宗教史解釈に影響したことも否定しえない。だが、今こそウェーバーの遺産を活用しつつ新たな比較宗教社会学の企てに乗り出すべき時なのかもしれない。

フロイト『トーテムとタブー』(原著刊行年　一九一二―一三)

――父殺しと喪の仕事

ジークムント・フロイト(一八五六―一九三九)は、「無意識」に注目する精神分析という心理学・精神医学の創始者だ。それは心理療法の源流となり、現代人のための新たな自己反省の方法ともなった。宗教理論において重い位置を占める所以である。

†父の抑圧

フロイトは宗教批判者として知られている。フロイトが精神分析の立場から宗教を厳しく批判しているのは、『ある幻想の未来』(一九二七年)という長編論文だ。そこでフロイトは、宗教は幼児が体験するような人間の無力感に由来すると述べている。強大な自然の力に対して、まったく無防備である人間は何か頼れる存在を求めたのだ。「自然力に父親としての性格を与え、それらを神々に祭りあげ」たのに違いない(『フロイト著作集　第三巻』三七二ページ)。

さらに死の脅威や共同生活上の困難が加わった。運命や道徳という概念が次第に重要な位置を占めるようになる。「このようにして、われわれの寄辺ない状態を耐えうるものにしたいという要求を母胎とし、自分自身と人類の幼児時代の寄辺ない状態への追憶を素材として作られた、一群の観念が生まれる。」(三七三ページ)

寄辺なさから解放されたいという強い願望から人は幻想に逃げ込む。寄辺なさに脅える子は父の愛による保護を求める。「この寄辺ない状態が一生つづくことに気づいた人類は、一人の父親——それも、今度はもっと強大な父親——の存在にしがみつくことになった。」(三八三ページ)つまり神とは、幼児的な依存願望に基づく強大な父の幻想である。別の文脈でフロイトは、幻想に執着する宗教は強迫神経症に似ているとも述べていた。

この解釈を見るとフロイトは啓蒙主義的な理性の信奉者で、宗教にはまったく価値がなく、人類は早く宗教から抜け出すように努めるべきだと主張しているのだと考えたくなる。しかしことはさほど単純ではない。フロイトは宗教の効用を認めていないわけではないからだ。後期のフロイトの著作にはペシミズムの色彩が濃い。人間は外から過酷な現実に攻められ、内からは無意識の願望や超自我の圧政に苦しめられ心安まる時がない。そのような苦闘の人生に宗教がしのぎ場所を与えてくれるのならば、それを止める必要があるだろうか。宗教があるからこそ、神経症にかからないですむ人も多いのではないか。

フロイトはとくに共同生活のルールということにこだわった。人類は共同生活の掟に由来する文化の抑圧に苦しんできた。人の心には禁止する父の像が埋め込まれている。無意識の中の「超自我」とよばれる要素で、それに責められて罪意識に悩まされ神経症になる人は少なくない。だが、そもそも超自我は共同生活に欠かせないルールに基づくもの、つまり道徳性の心的装置ではないか。それを宗教が提供するのだとしたら、道徳性の源泉としての神崇拝には現実的な根拠があるとも言えるのではないか。

†トーテミズムと原父殺し

『トーテムとタブー』で宗教の起源（あるいは宗教に先立つ何か）だと信じられたトーテミズムについて論じたとき、フロイトは宗教の神崇拝には「歴史的真実」が隠されているのではないかとさえ考えた。太古の人類に父殺しという事件が起こり、その悔いと悲しみから殺された父を記念する礼拝と、暴力を慎み女性を分かち合うという道徳の基盤が成立したのではないか。この「原父殺し」の仮説という大胆な推測は、ほとんどフロイトが創作した新たな神話のようにも思える。だが、この「仮説」はまんざら荒唐無稽というわけでもない。

そもそも社会規範や道徳というものはどのようにして成立したのか。近親相姦の禁止というもっともベイシックな性道徳規範はどのようにして成立したのか。また、お互いが暴力を行使しない、殺し合わないという規範と、動物や人間を殺す儀礼はどのように関わっているのか。動物を犠牲にし、ともに食するという儀礼的行動がなぜかくも広く行われてきたのか。

フレイザーら当時の宗教民族学者の諸著作を読んでいたフロイトの頭に、これらの問題すべてはトーテミズム成立の出来事という仮説によって解決するというアイディアが浮かんだ。原初の群社会では父なる族長が権力と女性を独占していた。男たちの一生は族長になるための生き残りの戦いだった。ある時、息子たちが団結して父なる族長を殺し、お互いが張り合わず近親の女性には手を出さないというルールを定めた。

トーテム饗宴の祝祭を引合いに出すことが、われわれに解答をあたえてくれる。ある日のこと、追放された兄弟たちが力をあわせ、父親を殺してその肉を食べてしまい、こうして父群にピリオドをうつにいたった。彼らは団結することによって、一人ひとりではどうしても不可能であったことをあえてすることになり、ついにこれを実現してしまう(中略)暴力的な父は、兄弟のだれにとっても羨望と恐怖をともなう模範であった。そこで彼らは食ってしまうという行為によって、父との一体化をなしとげたのである。父の強さの一部をそれぞれが物にしたわけである。おそらく人類最初の祭事であるトーテム饗宴は、この記憶すべき犯罪行為の反復であり、記念祭なのであろう。そしてこの犯罪行為から社会組織、道徳的制約、宗教など多くのものが始まったのである。（二六五ページ）

この仮説は人類が相互の暴力を放棄することと宗教の発生が結びついていたという直観に基づいている。個々人は強い父と弱い子という親子の暴力的関係の中で育っていき、破壊的な欲動を内に抱え込みつつ、何とか欲動を断念して社会に適応していく。無意識の欲望に駆られて父を殺し母と愛し合うことになったギリシア悲劇のオイディプス王は、人類皆が苦しむ、この家族暴力の悲劇性を象徴する存在だ。だが、孤独なオイディプス以前に、原始群族の息子たちは連帯を学び取り、宗教や道徳や文化の基礎を作ったというのだ。

†断念の歴史

フロイトが宗教は幻想だとしながら、人類が宗教を放棄するのは容易ではないと考えていたのは、このようなペシミスティックな文化観と関わっている。人類の歴史は断念の歴史であり、文化はつねに個々人に断念を強いる。暴力が埋め込まれた宗教という断念の形式にかわって、精神分析というより合理的な断念の様式が見出された。しかし、宗教から精神分析への移りゆきは容易ではないだろう。単純な科学主義、啓蒙主義とはだいぶ異なる考え方だ。

十数年後に書かれた『ある幻想の未来』でも、フロイトは『トーテムとタブー』の仮説をひるがえしてはいない。父殺しが歴史的事実だと仮定すると、神（原父）によって道徳的禁止が生じたという宗教の側の主張は幻想とは言えないことになると、宗教の存在意義をある程度認めている。「あの禁令を生んだのは、社会的な必要にたいする人間の「合理的」洞察などではなくて、神の影響力なのだ。（中略）したがって、宗教の説くところは、むろんある種の変形や粉飾をまじえてはいるものの、歴史的真実を伝えており、われわれの合理的叙述こそ歴史的真実を否定しているのである。」（三九三ページ）

†喪の仕事

『トーテムとタブー』執筆後のフロイトは、別の方向から宗教の深層を照らし出す洞察を提示してもいる。それは悲しみの理解という側面からの宗教観だ。人間は欲望の対象をつねに失ったり、断念したりしなくてはならない存在だ。母に執着していた幼児は、しばしば父の禁止に妨げられて母から離れていかなくてはならない。恐れとともに強い存在のモデルであり憧れの対象であるその父の保護と導きからも、やがて自立していかなくてはならない。

社会生活の過程では、大事な所有物や自己の能力への信頼を失うことにも慣れていかなくてはならない。異性を愛するようになれば、愛する者とのつらい別れに苦しむことにもなる。喪の仕事を重ねて人は成熟していく。そして、家族や親しい人との死による別れは我が身の一部をもぎ取られるような深刻な悲哀をもたらすだろう。

これらは「対象喪失」という言葉で要約できる。これまである対象に向かっていたリビドー（愛と生命のエネルギー）が行き場を失うのだ。うつ状態は対象喪失による困難の病的な現れだ。病理的な状態に陥らないためには、失った対象に拘泥せず次々と新しい対象を探していけばよいだろうか。むしろ、失った対象、断念した対象と関わってきた自己を省み、その悲しみや罪意識の意味を振り返ってみる心の作業が必要だ。一九一六年に書かれた「悲哀とメランコリー」でフロイトはそれを「喪の仕事」とよんでいる。

そもそも精神分析確立の記念碑的著作である『夢の解釈』（一九〇〇年）が、フロイト自身の父に対する喪の仕事としての意味をもっていた。精神分析の治療は治療者の喪の仕事を踏まえてクライエントの喪の仕事を進める共同作業と見ることができる。しかし、実は宗教も喪の仕事という側面をもっていたのではないか。トーテム儀礼やキリスト教の聖餐は、喪失した父をめぐる喪の仕事の反復なのではないか。

自らの死に直面することはもっとも大きな対象喪失だ。その時にこそ、人は生涯の学びで得たものをすべて投入して、最後の喪の仕事を行わなくてはならない。喪の仕事という観点から見るとき、宗教伝統と精神分析は実は補いあうものなのかもしれないのだ。

デュルケム『宗教生活の原初形態』（原著刊行年 一九一二）
――宗教は社会の源泉

エミル・デュルケム（一八五八―一九一七）は、社会学の学問的基礎を固めた人として知られる。その基礎固めの要となる仕事は宗教論によってなされた。それが本書だ。デュルケムにとって、社会学とは宗教学だったとも言える。

†フロイトとデュルケム

ほぼ同時期に刊行された宗教論の二つの名著、『トーテムとタブー』と『宗教生活の原初形態』は心理学・精神医学と社会学という異なる分野の著作と考えられているが、宗教論として見たとき、奇妙によく似ている。

どちらも人間を対象とする新たな科学を確立しようとする立場に立ち、今こそ自らが新時代を切り開くのだと知的野心に満ちている。どちらもトーテミズムを人類最初の宗教的制度と見なしてそれに深くこだわっている。どちらもそれを謎と見て謎解きをしている。

そして、あっと驚くような答えを見つけ出して、決定的な謎解きがなされたと宣言する。宗教の核心が理解されたというのだ。

トーテミズムがこんなに流行したのはフレイザー（マクレナン、ロバートソン・スミスを受けて）の貢献が大きい。フロイトもデュルケムもフレイザーから多大な影響を受けている。実はフレイザーも『金枝篇』で謎解きをして見せた。だが、それは知的貴族風な遊びの精神に満ちたもので、得られる解答も人類にとっての決定的な真理を示すというような野心的なものではなかった。フロイトとデュルケムは真剣である。二人とも宗教の核心に隠れた真実が潜んでいると見なし、自らこそがそれを見出したと主張した。

フロイトの場合、隠れた真実とは「原父殺し」の出来事だが、デュルケムにあってはそれは「社会」だ。フロイトは自らの解答が憶測にすぎないと意識しており、科学の水準を超えたことをしていると自覚していた。だが、デュルケムは大真面目で「宗教」の本体を突き止めたと主張した。そしてそれこそ「社会」の科学の決定的な礎石となると見なしていた。

†オーストラリア先住民のトーテミズム

彼はオーストラリアの先住民の諸部族こそ現存の部族社会の中でももっとも古層の文化

を保存しているという当時の有力説に立脚する。彼らのトーテミズムを読み解くことができれば「宗教」の本体が科学的につかみとれるはずだとして、オーストラリア先住民の儀礼に焦点をあて細部に及ぶ叙述を行い、決定的な証拠を提示したと主張する。

その手順を手短に示すには、先住諸部族が用いる三つの語について説明するのがよいだろう。「チュリンガ」と「インティチュマ」と「コロボリー」だ。

まず「チュリンガ」だが、それは木片か磨石でできており卵形か楕円形で、トーテムを表す図が彫られている。デュルケムは宗教とは「聖と俗を分かつ思想」だと定義する。チュリンガはこのような宗教の定義にぴったりあてはまる宗教的形象物だ。

チュリンガは、アルンタ族では、エルトナトゥルンガ（ertnatulunga）と呼ぶ特別な場所にうやうやしく保存されている。これは洞穴または人気ない場所に秘められた一種の小さな地下室である。その入口は石で注意深く閉ざされている。（中略）チュリンガの神聖な特質は、この保管された場所に相通ずるほどに著しい。女性やまだ入信しない者はこれに近づくこともできない。若者がそれに近寄るのはただ入信が完全に終った後である。（上巻、二一三ページ）

隔離されているということだけがチュリンガの特徴なのではない。チュリンガはけがや病気を治す力、繁殖を促す力、体力と勇気と忍耐とを与え、敵を弱めさせる力をもつ。それはまた、宗教的な儀礼においてきわめて重要な役割を果たす。個人の力となるだけでなく、氏族全体の活力の源泉だと見なされている。

では、メラネシア人が「マナ」とよんだのに等しいその非人格的な力は、何に由来するのか――これがデュルケムの思考を導く問いだ。チュリンガは氏族のトーテムである動物や植物を表している。つまり、チュリンガはトーテムが代表する氏族を表しているのだ。そこにこそチュリンガの神聖さの源泉がある。それは「トーテム的原理」(デュルケムの用語)を宿している。では、トーテム的原理は何を表しているのか。それは「社会」だとデュルケムは示唆する(上巻、三七三ページ)。

この答えの裏付けは先住民諸部族の儀礼の叙述を通してなされていく。なかでも「インティチユマ」とよばれる祝祭的な儀礼が重要だ。これは短い雨季がまさに到来しようという時期に行われ、トーテム動植物の繁殖をもたらそうとするものだ。

たとえば、アルンタ族の青虫氏族のメンバーは、歌を歌いながら地上の石塊を打って回ったり、青虫のまねをして小屋にこもったり行列したりする。そしてその後、青虫をリーダーが食べ、皆に分ける。そこでは「社会」がトーテムという形をとって聖なるものとして表れ、人々を一体化させているのだ。

また、「コロボリー」というのは、部族集団の凝集期に行われる儀礼を指す。オーストラリア先住民諸部族は季節の交代に対応して、分散したり凝集したりする。分散期には人々は経済活動ばかりに追われていて、情緒的な高揚がなく生気に乏しい毎日だ。「ところが、コロボリーが行なわれるとすべてが変ってしまう。原始人は、情緒的な機能が自らの理性や意志の制御に不完全にしか服従していないので、容易に自制心を失う。多少とも重要な事変がただちに自己忘却に誘う。喜ばしい報知を受けでもすると、狂熱して無我夢中となるのである。」逆に悪い知らせがあると絶望的な狂乱の動作にふける。「集中しているということそれ自体が例外的に強力な興奮剤として働く」（上巻、三八九ページ）のだという。

†宗教と社会

こうして形成される一体感はインティチユマやコロボリー以外の儀礼にも顕著に見られる。ワーラムンガ族の黒蛇氏族の喪の儀礼では、暴力が演じられ血が流されるなどして熱狂の極みとなる。こうした事態をデュルケムは「集合的沸騰」と名づける。集合的沸騰の説明としては、フランス革命にふれた叙述がわかりやすい。

社会が自ら神となる、あるいは神々を創造する傾向を、フランス革命の初年においてほど明らかに見うるところはない。事実、このときには、全般的狂熱の影響によって性質上はまったく世俗的な事物が世論によって聖物に変換された。すなわち、これは祖国であり、自由であり、理性であった。自らの教義、象徴、祭壇および祝日をもつ一つの宗教が自ら設立されるに至った。そして、これらの自発的熱望に対して理性と最高の存在との礼拝が一種の公用の満足をもたらそうとした。この宗教的革新はいうまでもなくわずかの間しか継続しなかった。（中略）ある一定の情況のもとでは、社会およびその本質的な観念が、直接かつ何の変形をもこうむらずに、真の礼拝の対象となるということがここに見られる（上巻、三八五ページ）

確かに宗教は人々の連帯や結束を強める。宗教に支えられて、集団のために自らの生命を捧げる人さえ出る。また、人々が連帯し結束するところには、宗教的な儀礼や象徴に近いものが生じてくる。たとえばナショナリズムは、確かに宗教と近い特徴を多々もっている。デュルケムは私たちが内からわき起こる勇気やエネルギーの横溢を感じるとき、実は仲間からの好意や励ましを内側から感じていることが多いのではないかとも言っている。

もしデュルケムが、宗教は集団の連帯・結束のために有効な機能を果たしていると論じたのであれば、穏当な主張として受け入れられやすかっただろう。「神は社会だ」という主張はいかにも性急である。では、なぜこのように極端な主張をすることになったのか。われこそ宗教の核心を解き明かしたというような語り口になったのだろうか。

フロイトと同様、デュルケムも宗教から理性への移行の時代にいると感じ、後者の立場に立って新たな学問を確立するという高い誇りと意気込みをもっていた。彼らは科学によって人間と社会を深く理解できると信じていた。だが、理性の使徒である彼らも、来るべき社会が理性のみによって成り立つというような楽観をもってはいなかった。宗教が社会を統合する力を失っていくように見えるとともに、国内国外に危機が漂う第一次世界大戦前夜の不安が彼らの宗教論を動機づけていた。

デュルケムの宗教論からは、「では、宗教を信じることができない現代人は、いかにして社会を維持していくことができるのか」という問いが生まれてこざるをえない。フランス革命後、あの熱狂を失った近代社会はどのようにしてまとまっていけるのだろうか。彼は理性の力で安定した合理的な社会を作りうると信じていたわけではない。デュルケムの断言は、確かな社会学の基礎づけを行おうとする気負いとともに、宗教が後景に退いていく現代社会の危機への予感ということからも、かなりの程度、理解できるだろう。

Ⅳ 宗教経験と自己の再定位

近代人が宗教を疎遠に感じているのは、「合理的に考える主体的自己」こそわが位置だと自覚するからだろう。学校で科学的知識を身につけるとき、合理的知識を拠り所に職務を遂行するとき、公衆に向けた討議の場において自らの考えを述べるとき、人はまずはそう感じることが多い。そこでは対象に距離をとって、冷静に「ものごと」を処理する場に自己が定位されている。

だが、そのように世界の中心にいて「もの」や「環境」を「処理」することが人間経験のすべてでないのは言うまでもない。そうでない場に自己を定位するとすれば、どのような仕方が可能だろうか。合理的知を行使する主体という意識になじまない経験を組み込んだ、自己の再定位はどのようになされるのか。

Ⅳ章で取り上げる著者たちは、このような問いに導かれて、それぞれ自己にとって親しみ深い経験領域やそれに照応する思想の様態を探索している。宗教経験について考えることによって、近代に生きる自己の学的再定位を進めているのだ。

「宗教経験」と「宗教体験」という言葉は英語では区別できないが、日本語やドイツ語では使い分けができる。「宗教」に固有な領域を定め堅固な信念をもつ主体的自己の意識と結びつけて論じるときは「宗教体験」の語がふさわしい。他方、広い経験領域と浸透し合うような複雑な現象として理解するには「宗教経験」の語の方が適切だ。

ここで取り上げている人々は、「宗教体験」だけに焦点を合わせるのではなく、自己の再定位を主要な課題としつつ「宗教経験」に光を当てようとしている。

ジェイムズ『宗教的経験の諸相』（原著刊行年　一九〇一―〇二）
――「病める魂」が開示するもの

ウィリアム・ジェイムズ（一八四二―一九一〇）はアメリカ発の哲学、プラグマティズムの創設者の一人。個人的体験を語った資料を駆使し、経験的な「宗教学」を打ち出す本書を著した。正面からの心理学的宗教理論の構想として今も古びていない。

†宗教と体験

本書は自らの宗教体験について述べたたくさんの有名・無名の人々の資料を用い、「宗教学」（science of religion）を構想した名著だ。本書の冒頭でジェイムズは宗教の核心は個人の体験的領域にあるとする。その前提に立って、回心やそれに続く宗教生活の自伝的叙述を宗教学の基礎資料として利用し、宗教の核心を理解しようというのだ。

なかでもジェイムズは、西洋で神秘主義者とよばれてきた人々の体験に高い価値を見出している。神秘体験の特徴として、「言い表しようがないということ」、「暫時性」（短時間しか持続しないこと)、「受動性」と並んで「認識的性質」が含まれているのは注目してよい(下、一八二―五ページ)。体験を通して合理的意識とは異なる一段と高い真理が得られると信じられてきた。それをどう受け止めるのか。たとえば、一六世紀の神秘家、アビラの聖テレジアの文章が引かれている。

> 或る日、祈っていたとき、万物が神のなかで見られ神のなかに含まれていることを一瞬間のうちに知覚することが、私に許された。私は万物をそれぞれ固有の形で知覚したのではなかったが、それにもかかわらず、万物について私のもった眺めは、この上なく明瞭なもので、私の魂にいきいきと印象されていつまでも残っている。それは主が私に賜うたすべての恩恵のうちでもっとも著しいものの一つである。……その眺めは実に微妙繊細で、悟性では把握できないほどであった。(下、二三二ページ)

ここには形而上学的な知的内容が含まれている。合理主義的意識では確認できないことを主張するものだが、だからといって幻想だとか病的知覚だと断じることはできない。「私たちが合理的意識と呼んでいる意識、つまり私たちの正常な、目ざめているときの意識というものは、意識の一特殊型にすぎないのであって、この意識のまわりをぐるっととりまき、きわめて薄い膜でそれと隔てられて、それとはまったく違った潜在的ないろいろな形態の意識がある」（下、一九四ページ）。合理主義者の神秘主義否定論が見落としている事実だ。

宗教心理学の書と理解することもできる本書だが、その背後には世界・宇宙と人間の関係をどう考えるかという実存的な問いがある。ジェイムズは従来の宗教を擁護する形而上学も、宗教を否定する合理主義もこの問いに届かないという。形而上学は手応えのない理念から現実に降りてくるし、合理主義はひからびた合理的意識しか認めない。宗教体験が露わにするように、人間の意識はもっと多様だ。これが本書の主要な主張の一つである。

私自身の経験をふり返ってみても、それらの経験はすべてが相寄って、私が何か形而上学的な意義を認めずにいられないような種類の洞察に集中するのである。その基調はきまって和解である。世界にはさまざまな対立があって、この対立するものの矛盾と葛藤から私たちのあらゆる困難や苦労が生まれてくるのであるが、その世界における対立物がまるで融け合って一体となってしまったかのような気がするのである。

（下、一九五ページ）

だが、かといって神秘主義が真実を示していると安易に述べることもできない。神秘体験には精神病の表れであるようなものがいくらもある。神秘的妄想も潜在意識や超意識から生じてくるということでは同様である。だから、「神秘的状態は、ただ神秘的状態であるというだけの理由で、権威を振う」に足るものではない。しかし、意識の神秘的状態にこそ、広く宗教的なものが目指してきた理想が如実に現れているのも確かだ。「その状態は私たちに仮説を与えてくれる。その仮説を私たちが無視するのは自由であるが、思考者としての私たちにはそれを覆すことはできない。」（下、二五八ページ）

過去に宗教が対象としてきたような形而上学的な実在を直ちに信じることはできない。かといってかんたんに否定することもできない。哲学的思弁が及ばない領域の問題なのだ。だが、自分自身の、また多くの人々の如実な経験を踏まえると、神秘体験に限らず、広く宗教体験は確かな認知的内実を含んでいるのかもしれない。人々の宗教体験の内容を吟味していくことで、その妥当性を考察することがジェイムズの「宗教学」の課題だった。

†「健全な心」「病める魂」

そのためにまずジェイムズが注目したのは「健全な心」と「病める魂」という宗教的な人々の二つの類型である。「健全な心」の人たちは、「体質的に、世界の楽しい一面を強調して、反対の気質の人々がやるように、世界の暗い面を思いわずらうことを宿命的に禁じるような」気質をもつ。悪を偶然的なものと見なす楽観性が特徴だ。

他方、「病める魂」は逆に「悪を最大限度に拡大させてゆく」（上、二〇〇ページ）ような気質の人々だ。「悪というものを、主体と特殊な外的事物との関係であるばかりでなく、もっと根本的で一般的なあるもの、自己の本質のうちにある不正ないし悪徳であって、環境を改めても、内的な自己をうわべだけどんなに列べ変えてみても癒やすことができず、なにか超自然的な治療を必要とするものとみなすような人々」（上、二〇五ページ）である。

典型的な「回心」は病める魂の人々に見られる。「回心《かいしん》する、再生する、恩恵を受ける、宗教を体験する、安心を得る、というような言葉は、それまで分裂していて、自分は間違っていて下等であり不幸であると意識していた自己が、宗教的な実在者をしっかりとつかまえた結果、統一されて、自分は正しくて優れており幸福であると意識するようになる、緩急さまざまな過程」（上、二八七ページ）を指す。

回心はそもそもある意識状態だけが真実なのではなく、まったく異なる前提を受け入れるかに見える複数の意識状態が境を接してありうるということを示している。そのような心の変化が起こるということは潜在意識という仮説によってかなり説明できるだろう。ジェイムズは絶望的な分裂した意識から喜びに満ち安らかな統一した意識への転換に、宗教体験の典型を見ている。

†「聖徳」

続いてジェイムズは「聖徳」(聖者性)という論題に移る。宗教学は経験的に確認できる事柄から出発しなければならないが、かといって価値的なもの、精神《スピリチュアル》的なものにふれないですむわけではない。宗教体験だけを取り上げると、世界や人間の真実に迫ったものと真実をはずした病的なものとの区別はつきにくい。そこで、宗教体験がどのような「働き」や「果実」を生み出すかが検証されなくてはならない。そのかっこうな素材は聖徳、つまり偉大な宗教的生を送った人々の特徴である。聖徳と宗教病理的な人々の特徴を対比すれば、宗教体験が確かに実在の真相をとらえているかどうかに近づいていけるだろう。

ジェイムズは聖徳の特徴をいくつかあげている。「禁欲主義」、「心の強さ」、「清らかな心」、「慈愛」などだ。それらは喜びにあふれすべての存在に開かれた思いやりある態度に帰着する。だが、宗教生活全般はほんとうに聖徳が具現するような真実の方向を向いているだろうか。ジェイムズは聖徳に反する宗教の諸要素を集団的なものに帰する。「普通よく卑劣なことが宗教の責任にされているが、そういう卑劣なおこないのほとんど全部が、けっして本来の宗教の責任に帰せらるべきものではなく、むしろ宗教の邪悪な実際上の

相棒《パートナー》、すなわち団体的支配の精神に帰せらるべきものである。」(下、一二六ページ)

ここには本書の弱点が現れている。宗教の本質は個人的なものだという前提から出発し、宗教が含む否定的なものを宗教本来のものではない集団的なものに帰するのだ。デュルケムが言うように集団的なものも宗教にとって重い要素かもしれないのだが、初めからそれを宗教的ではないとする前提に立っており、論証すべきことが先取されてしまっている。

†宗教経験の段階

「健全な心」「病める魂」「回心」「聖徳」「神秘主義」を論じた後、そもそも宗教は真実に則ったものか、幻想に過ぎないのかという実在問題が再考される。宗教体験の共通の「知的内容」について、ジェイムズは、「一、不安感、二、その解決」の二点に集約する。存在の根底が脅かされていると感じる第一段階と、自分のなかにより高い部分がありそれこそ真の自分だと感じる第二段階だ。前者から後者への移行が真実性の高い人間経験だとすれば、それを引き起こす「超越的な何か」(a MORE) が実在すると言ってよいのではないか。

しかし段階二(解決あるいは救いの段階)に達すると、その人は自分の真の存在は自分自身のより高い萌芽の部分であることを知る、それも次のような仕方で知るのである。彼はこのより高い部分がこれと同一性質の或るより以上のもの（a MORE）と境を接し連続していることを意識するようになる。このより以上のものは、彼の外部の宇宙で働いており、彼はそれと現実に接触することができ、そして彼のより低い存在が難破して砕け散ってしまったときに、辛うじてそれにしがみついて、救われることができるようなものである。（下、三七二ページ）

形而上学的な弁証を放棄して、経験的な事実から宗教とは何かを述べる、しかもそれが自分自身の生きる支えとなる実存的な思考次元に問いかけ、確かめることに通じている――ジェイムズはそのような学問的叙述法を編み出した。それは今もなお、取れたての果実のように新鮮である。

姉崎正治『法華経の行者 日蓮』（原著刊行年 一九一六）
――神秘思想と宗教史叙述の地平融合

姉崎正治（一八七三―一九四九）はドイツ留学後、日本で初めて大学の宗教学講座の教授となった。西洋の先端思想から学び取った神秘主義的な宗教観と日蓮仏教の透徹した理解を基盤に、広い視野からの国際性ある日本宗教史理解を試みた。

†神秘的精神

姉崎正治は一九〇五年、東京帝国大学で日本初の宗教学講座の担当教授となる。それに先だち本場の宗教学を学ぶため、三年余りの欧州留学を終えて一九〇三年に帰国するが、翌年、思想評論書『復活の曙光』を刊行している。科学や芸術や道徳について論じつつ、それらの根底には宗教的精神がなくてはならないと論じたものだ。

ドイツのキールでニーチェの旧友のインド学者、パウル・ドイッセンに師事した姉崎は、功利主義や唯物論に向かいがちな近代精神の限界を強く意識していた。だが、近代批判と宗教批判が重なり合うニーチェとは異なり、姉崎は功利主義や唯物論を超えていく現代的原理は、宗教を通して見いだせると考えた。『復活の曙光』では、それは「神秘」の語によって示されている。

神秘の中に優遊する精神に取つては、一切の事物皆我ならざるはない。これを称して無我といふも、若しくは大我といふも、少しも差違はない。利己だの利他だのいふ紛々たる差別見解は、此の無我即大我の愛の中には消滅して了ふ。(八七―八ページ)

このように「自分の我を没して宇宙の大我と合一したる神秘的精神」(一〇〇ページ)は、世間的な道徳を超えている。「インドの哲学や仏教が「徳と過とを棄てゝ」といひニーチェが「善悪を超えて」といつた状態は、即ちこれである。」(八八―九ページ)

このような「神秘的精神」が窒息させられているところに現代の病理の根源がある。現代文明は唯物的科学と国家主義に引きずられ、「人生精神上の基礎を忘れ、国家の為にを名として個人を迫害して顧みず、商工利益の為には修養煉達を妨害し、其極今や文明の子等自らが其文明の弊に苦しめられつつある……」(一五六ページ)。ここに見られるように、姉崎の宗教研究は「神秘」を介して現代文明の批判と変革を目指すものだった。

しかし、「小我と大我の神秘的合一」を抽象的な理念として唱えているだけでは力にならない。「神秘」に至るには「人格」という媒介が必要だ。ふつうの人間はなかなか独力でその境地に至ることはできない。

それ故に此の如き愛を現実にした神人があれば、其人の人格に対して至誠至信の帰敬を捧げて、其の人に同情交感し、己れを其人の人格の中に没するとに依て、神に似んことを勉めなければならぬ。(一五〇ページ)

たとえば、イエスや仏陀である。「彼等の説いた教理がどうであるの、かうであるのといふ批評もあるが、吾等は口舌の真理よりも、彼等の神人たる人格に帰敬するのである」(一五一ページ)。ロマン主義的な「偉人」崇拝の立場だ。

†人格としての日蓮

『復活の曙光』の刊行と前後して、姉崎は日蓮研究を始めていた。高校生の頃から親しかった高山樗牛(一八七一—一九〇二)は、結核が悪化した一九〇〇年以来、日蓮に帰依するようになっていた。ドイツでそのことを知った姉崎は、早逝した樗牛に促されるかのように、帰国後、本格的な日蓮研究に乗り出すようになる。そして日蓮系の宗教集団に深く関わることはないものの、一人の熱心な日蓮信奉者に変貌する。こうした変貌のなかから生み出されたのが『法華経の行者 日蓮』だ。

この本は、宗教史研究の学的基準を満たしつつ、「神秘」を体現した「人格」としての日蓮の生そのものに迫ろうとしたものだ。「其の人に同情交感し、已れを其人の人格の中に没することに依て、神に似んことを勉め」るという意味が何ほどかそこに含まれていただろう。だが、その際、高度の学問的な基準を保ち、厳密に史実に迫り、丁寧にテクストを読み解く作業も怠られることはなかった。とりわけ宗門の伝統的な解釈によらず、「宗教学上の通義、特には宗教心理上の比較考慮」に力を入れたという(一五─六ページ)。

たとえば、日蓮には上行菩薩(聖者)としての使命の自覚と前生で法華経を貶めたことへの罪の自覚(法華経の勧持品、常不軽菩薩品《じょうふきょうぼさつぼん》で強調されている)との両面がある。この両面の関係は従来の宗門的見解では、十分に明らかにされてこなかった。だが、資料を読み込むと、佐渡への流罪の過程で勧持品や常不軽菩薩品の滅罪の自覚から上行菩薩の使命の自覚へと力点が変わっていくことが見えてくる。日蓮が寺泊から弟子にあててしたためた書簡(「寺泊御書」)がこの観点から丁寧に読み込まれていく(一二六─八ページ)。

こうした丁寧な解釈の積み重ねの結果、『法華経の行者 日蓮』は、大量の資料を正確に読み込んだ堅固な学術研究という性格と、想像力をも駆使しつつ歴史的人物の思考と心情に迫る散文芸術作品という性格と、独自の宗教論と仏教理解に立った思想書という性格のどれをもあわせもつようなたいへんユニークな書物となった。

宗教者の人生と思想の内在的理解という点で、この書は高い成果をあげている。ハーヴァード大学での講義がもととなっており、英語と日本語でほぼ同時に刊行されたことは、この書の斬新さと密接に関わっている。近代的な概念が浸透し合理的表現に適している西洋の言語と、宗教的文書にとりわけ色濃く反映している日本語の伝統的な思考様式との緊張が随所に反映し、創造的な思考と表現が生み出されている。たとえば、日蓮が女人成仏思想を当時の女性にどのように説き、彼女らがそれをどう受け止めたかについてまとまった考察がなされているが（第二四章）、現代的な問題意識に十分に応じうる内容だ。ローカルな宗教史を、世界的な学術言説の地平へと拡充するのに成功しており、当時の日本の人文学において際だった達成と言える。

†崇拝と観心

『法華経の行者　日蓮』は全二八章から構成されているが、これは二八品（二八章）からなる法華経の構成を意識した修辞法による。法華経のクライマックスは、歴史的な仏陀が実は永遠の過去から存在した「久遠本仏」の表れにすぎないことが示される、「如来寿量品第一六」である。そこで、『法華経の行者 日蓮』も第一六章「人の活現すべき法、本尊の意義、「観心本尊鈔」」において、日蓮仏教思想の核心となるものが示される。そのさわりの一節を引こう。

『観心本尊鈔』は日蓮教説の核心を示したものだ。姉崎の解説では、「万有《ばんう》の存在も人の生死も、みな妙法の活現《かつげん》であって、この妙法を自覚し、法華経の生命を己《おのれ》の生命とするのが、成仏《じょうぶつ》の理想である」という論旨だ（二九二ページ）。この自覚に基づき、「南無妙法蓮華経」（題目）を唱えるとともに、この七字を中心にした文字曼荼羅を本尊として「崇拝信仰」することで、この真理を体験できる。そこでまず、「崇拝信仰」とは何かが問われる。

通常崇拝《すうはい》といえば、なにか神霊を自己以外また以上の存在に求め、これを帰仰《きごう》の目標とし、またその加護を求めるにある。／しかるに仏教では、この崇拝の目標たる本尊と自分の精神との間に密接の感応《かんのう》ある所以《ゆえん》にさかのぼり、崇拝、渇仰《かつごう》、感応の生じ得るのは、畢竟《ひつきよう》本尊と自身とは根底において一体であるがためであって、その間に意気生命相通《あいつう》ずるものあるを教える。／人間が仏を礼拝するのは、仏がみずから礼拝しまた人間を礼拝するとともに、人間が自分みずからの本性を礼拝する、否《いな》体現する所以である。かくのごとき意気感応は、根本において本体の共通なる者あり、したがって性相力作《しょうそうりきさ》相互に通ずるがためである。(二九三ページ)

「崇拝信仰」とは自己自身の心を見つめる「観心観法」と等しい。法華経に基づき天台智顗《ちぎ》が構成した「一念三千」(宇宙の諸相と究極的真理が一念に宿るという論理)の理念に基づく「観心観法」が、日蓮においては「題目」を表した「曼荼羅本尊」に対する「崇拝信仰」へと転換されている。そのことが仏教の本義にそむくものでないことを平明に説明している。『復活の曙光』で提示されていた「無我即大我」の理念に基づく現代的な宗教理解が、日蓮仏教への立ち入った解釈によって日本仏教史の事実として捉え返されていることが見て取れるだろう。

†宗教史を広い視野から捉え返す

姉崎は日蓮の罪責意識や使命感、法華経を我が身のこととして読む「身読」の方法、あるいは若き日蓮の「煩悶」と「回心」等についても、独自の解釈を加えている。仏教を超えて通用する用語や概念装置を用い、伝統的教学の日蓮理解とは一線を画した理解が示されており、今なお新鮮である。だが、姉崎自身は国策に従いつつ宗教間の融和や人心安定のための宗教協力に積極的に取り組んでいたにもかかわらず、日蓮の排他主義についてはは立ち入った論及は行っていない。天皇崇敬や国体思想と日蓮思想の関係についても問うていない。また、法華経や日蓮の仏教理解が仏教史のなかでどのような位置をもつかについては大筋で日蓮教学に従っており、それを批判的に捉え返すことはしていない。

教学・宗学から大きく脱皮し、仏教者の「宗教的な生の形」を描き出した名著ではあるが、その意義が後の世代に十分に認識されてこなかった理由の一端は、こうした不徹底にあるだろう。また、「神秘」や「人格」や「宗教」や「回心」等、近代宗教学の主要概念につきまとう曖昧な超越性を、十分に対象化できなかったことによるのかもしれない。

ブーバー『我と汝』（原著刊行年　一九二三）
――宗教の根底の他者・対話

マルティン・ブーバー（一八七八―一九六五）はナチスの迫害を逃れドイツからイスラエルへと移ったユダヤ人の宗教学者、哲学者。ユダヤ神秘主義のハシディズムに傾倒。他者性や対話的原理による人間論、神論は後代に多大な影響を及ぼした。

†モノローグ的自己を超えて

宗教とは人間が神や霊などの超自然的存在を信ずることだという捉え方はわかりやすい。一神教、多神教、アニミズム（精霊信仰）とは、どのような超自然的存在を信ずるかという観点からの宗教の分類だ。超自然的「存在」（神や霊）への信仰ではなく、メラネシア人がマナ（アメリカ先住民がオレンダ）とよぶような超自然的「力」への信仰の方が原初的だとする立場も有力だ（フレイザーの章、参照）。デュルケムやウェーバーもマナイズム論に大きなインスピレーションを得ている。

こうした宗教類型論は、世界の事物をあれこれ経験し利用する位置にいる、自由な自己の世界観として宗教を理解している。それはまた、まずは理性を用いて世界を認識する近代的な知的主体として自己を捉え、そうした主体の実存的「信仰」こそが本来的な宗教だとする、近代の支配的な宗教思想のパターンとも相性がいい。

ブーバーの宗教理解は、こうした一見理解しやすい宗教類型論や宗教思想の根本前提を揺さぶる力をもっている。そもそも客観的に事物の外に立って、それらを経験し利用することに専念している自己とは何だろうか。

それは〈われ―それ〉の「根源語」(自己意識の様態を表すブーバー独自の用語)を語る自己だとブーバーはいう。つまり、「それ」として意のままに利用できるような事物との関係にある自己意識のあり方だ。だが、私たちはまったく異なる位置にわが身を置くこともある。つまり〈われ―なんじ〉の「根源語」を語る場だ。顔や心をもって「われ」と向き合い、交渉し合う他者としての「なんじ」に語りかけ語りかけられる自己意識の場だ。そもそも宗教は後者の場からこそ理解されるべきものだ。

〈われ―それ〉と〈われ―なんじ〉の「根源語」は宗教理解にだけ関わるものではない。人間理解の根幹に、また、現代人の自己理解の根幹に関わる。実在する神や形而上世界から切り離された裸の個的存在としての自己は、自らをどのような目的や価値に結びつければよいのか。見やすい利益を生み出す有用な事物に結びつけるのでなければ、個的存在としての自己は生きる意味を見失い、不安と虚無にさらされることになるのだろうか。

ブーバーの答えは、いやいや裸の「個＝自己」などというものから出発すべきではないというものだ。それは〈われ―それ〉関係が圧倒的に優勢になった世界が強いる錯覚だ。モノローグ的（独我論的）な閉ざされた自己の様態だけを絶対化するところから、「個的存在」という意識が不動のものに見えてしまう。より深い実在は個ではなくて関係だ。とりわけ〈われ―なんじ〉関係、また、対話《ダイアローグ》原理こそが生き生きとした生活を支えているという事実だ。この事実を顧みれば、まったく異なる人間理解、自己理解が可能になる。

†対話としての〈われ―なんじ〉

〈われ―なんじ〉関係において自己は他者に語りかけられており、それに応答しなくてはならない。「恵みによって〈なんじ〉がわたしと出合う」「しかしわたしが〈なんじ〉と直接の関係にはいってゆく」（一九ページ）。自己は全存在をかけて選び決断し能動的に行為するが、また選ばれ恵まれ語りかけられ、受動的であらざるをえない。相互的である対話的な関係だ。

根源語〈われ―それ〉の〈われ〉は、個的存在としてあらわれ、〈経験と利用〉の〈主観〉として自己を意識する。／根源語〈われ―なんじ〉の〈われ〉は、人格的存在としてあらわれ（依属する属格なしに）〈主体〉として自己を意識する。／個的存在は他の個的存在から自己を分離させることによって、特質の相違をあらわす。／人格的存在は他の人格的存在と関係にはいることによって、あきらかとなる。（八〇ページ）

〈なんじ〉との関係の下では〈われ〉は独自の人格的存在として〈なんじ〉と現実を分かち合う。また、自己と他者それぞれの個別性をそれとして受け入れて、その存在を分かち合う。〈それ〉との関係の下では、〈われ〉は分離された個的存在として自己中心的に他と区別された自らのもろもろの属性を意識するが、真の存在からは遠ざかる。

人格は〈われ〉そのものを直視し、個的存在は、わが種類、わが民族、わが創り出したもの、わが才能などというような自己の所有するものを問題にする。（中略）人間や人類が個的存在に支配されればされるほど、〈われ〉は一層非現実性の深みに落ちてゆく。現代のような時代には人間や人類の中にある〈われ〉は、再び呼び起されるまで、地下にかくれ、いわば、無価値な存在となるのである。（八二―三ページ）

〈われ―なんじ〉の関係は何よりも他者との間で成り立つが、自然との間で成り立つこともある。自然の神秘力や死者の霊を尊んだ原始人の信仰も〈われ―なんじ〉の関係の表現として理解できる。

われわれのカテゴリーでマナやオレンダを、一般に超感覚的、超自然的な力として特徴づけようとするが、原始人の観念にはあてはまらない。（中略）原始人が〈神秘的力〉に帰している現象は、すべて根源的な〈われ―なんじ〉の関係の出来事であり、彼らの肉体を興奮させ、感動を残すものであるがゆえに、想い悩むのである。夜となって彼らのもとに、苦しみや喜びをもって、ひそかに訪れる月や死者は、このマナの力をもつものであり、彼らを燃えたたせる太陽や、吠える野獣、一睨みで威圧する酋長、狩猟にあたって歌で力を与えるシャーマンなども、この力をもつ者である。（三〇ページ）

†永遠の〈なんじ〉

だが、こうした個々の〈なんじ〉に対して、けっして〈それ〉となることがなくつねに

〈なんじ〉として現前する〈永遠のなんじ〉がある。それは神とよばれよびかけられることが多い。だが、すべて個々の〈なんじ〉の向こう側には、〈永遠のなんじ〉が潜んでいるのだ。

さまざまの関係を延長した線は、永遠の〈なんじ〉の中で交わる。／それぞれの個々の〈なんじ〉は、永遠の〈なんじ〉へのかいま見の窓にすぎない。それぞれの個々の〈なんじ〉を通して根源語は、永遠の〈なんじ〉に呼びかける。（中略）生まれながらの〈なんじ〉は、それぞれの関係の〈なんじ〉を現実化しはするが、しかし、いかなる〈関係〉をも完全なものとはなし得ない。ただ絶対に〈それ〉となり得ない〈なんじ〉と直接関係にはいるときにおいてのみ、完全となるのである。（九三ペー ジ）

これは特殊な「宗教体験」について述べているのではない。ブーバーは若い頃、非日常的な神秘体験に没入した時期があった。だがそのために、死を求めていたある青年の語りかけに応ずることができず、そのことに衝撃を受けた。それ以来、ブーバーは日常に現れる永遠の〈なんじ〉にこそ注意を向けるようになったという（一九三―六ページ）。

永遠の〈なんじ〉は個々の他者を通して現前するが、永遠の〈なんじ〉がそれ自体として現れる「啓示」は時と所によって変化する。宗教はそうした啓示の〈言葉〉の自由な展開を阻害することもある。ブーバーは体系や組織としての「宗教」に批判的である。開かれた「宗教性」こそが尊重されるべきだ。こうした観点から、ブーバーはユダヤ教、キリスト教だけでなく、アジアや他地域の宗教にも関心を払った。「対話的原理」は体系的な宗教が構築する城壁を崩して、他者に開かれた宗教性を示していくものでもある。

〈われ―それ〉関係の肥大化した現代社会では、永遠の〈なんじ〉の啓示はますます受けとりにくくなっている。「〈言葉〉の崩壊が起こりつつある」とブーバーは言う。「生き生きと働きかける〈言葉〉が支配する時代は、〈われ〉と世界の協調が保たれる時である。」しかし、現代では「生命を失った形体が支配」し、〈言葉〉は上滑りで饒舌なものになる。そんな現代は「〈われ〉と世界の間に現実無視や疎外が生まれ、宿命が力をもつ時である。――戦慄が訪れ、暗闇に息をひそめ、沈黙するようになる。」(一五〇ページ)後の著作で、ブーバーはこれを「神の蝕」とよんでいる(『ブーバー著作集5　かくれた神』)。

ブーバーが示した「他者」や「対話」の概念は、ミハイル・バフチンやエマニュエル・レヴィナスに深い影響を与えた。二〇世紀思想に決定的な地平を切り開いた思想家と言える。そのブーバーが宗教を発想の原点にもち、フランクフルト大学やヘブライ大学で宗教史を講じる存在だったということは、宗教学にとってまことに心強いことである。

ブーバーが示した〈われ―なんじ〉関係の概念は必ずしも理解しやすいものではない。だが、それは孤立した個的存在のモノローグ的自己意識に苦しむ現代人の自己理解に資するところが大きい。モノローグ的自己を超えていく思想的営みが、「宗教」や「宗教性」の奥深い理解と不可分に結びついているというブーバーの認識も示唆的だ。

フィンガレット『論語は問いかける』(原著刊行年 一九七二)
——聖なるものとしての礼・儀礼

ハーバート・フィンガレット(一九二一—)はアメリカの哲学者だが、孔子の教えの中核に現代西洋思想の難問を解く示唆を見出した。自律的個人の内面的信仰という西洋の宗教理念とは異なる宗教性が、孔子の「礼」の理念から引き出せるという。

†儒教は宗教か

儒教は宗教か宗教ではないかについては多くの議論がある。儒教を宗教とする立場も一様ではない。「孝」に高い価値をおき、先祖祭祀を尊ぶ点に儒教の宗教性を見る立場がある。先祖と親を尊び、先祖から子孫への生命の継承を尊ぶことは、個を越えて実在する集合的な生の永続を信じる態度と見ることができる。はかない個々の人間の生と死を超越して持続する生命的実在(いのち=超越的生命)を信じようとするのが宗教だとすれば、儒教はまさに超越的生命(いのち)を信ずる宗教だとする議論だ。

他方、儒教が「天」を説くことに宗教性を見る議論もある。『論語』には「五十にして天命を知る」とあるが、「天」から下る神聖な「命」に従って生きよという信念だ。この「天」は一神教の「神」に相応するような存在で、宇宙の聖なる秩序をつかさどっている超越的存在だ。死者の霊を恐れたり、死後の世界に関心を向けるのは意義がないと説く孔子だが、人格性をもった「天」が道徳的秩序の源泉であることは疑っていなかった。ここにこそ儒教の宗教性があると論じられる。

フィンガレットも儒教が宗教性をもつことを強調している。原著の題を直訳すれば、『孔子――聖としての俗なるもの』(*Confucius—The Secular as Sacred*) となる。だが、その論拠は以上に見てきた二つの議論とは異なっている。著者は個人的主体が信ずるというところに宗教の核心があるという、西洋近代精神の核となる宗教観を否定する。「信」ではなく実践や人間関係のなかにこそ宗教の宗教たる所以がある。そして儒教こそそのような実践重視・関係重視の人間観にのっとった教えであり、宗教なのだ――そう論じていく。

†「礼」と「仁」

フィンガレットの孔子理解の焦点は「礼」にある。お辞儀や贈答などの「礼」は世俗社会の人間関係の秩序形式だとすれば、まさに「俗」の事柄とも見なされよう。ところが孔子によれば、その「礼」こそ「聖なるもの」だ。礼は儀礼と深い関わりがある。ふつうの理解では、宗教儀礼のように特別な機会に行われる儀礼においてこそ「聖」は顕現する。だが、そもそも「俗なるもの」であるはずの定型的な社会的実践体系の全体を儀礼として見ることができる。そしてそれらが「聖」だと見なすこともできる。そこにこそ孔子の「礼」の思想の核心があるとフィンガレットはいう。

『論語』は軽々しく鬼神や奇跡を信じることをよくないこととしている。仏典には呪術的(魔術的)な超能力の話が出てきたり、死後の生が語られたりするが、儒教の伝統ではそれは愚かなことと見なされてきた。儒教は呪術(魔術)を是認しないとするのが常識だ。ところが、フィンガレットによれば『論語』は度々呪術的力を称賛しているという。

しかし、この真面目で明らかに非宗教的な道学者風の倫理のあいだに、『論語』には、呪術的力を非常に重要なものと信じている節が窺える箇所が散見される。ここで「呪術 magic」という語は、特定の人物が儀礼や身振りや呪文によって、直接的にしかも容易に、自らの意志したことを実現させる力を意味している。(二七ページ)

フレイザーの章でもふれたように、呪術の語は文明的な宗教より低い知的段階の、原始的宗教性の表れだと見なされることが多い。ここでは呪術の語がそれとはだいぶ異なる意味で用いられている。それは高度の徳に基づく実践がもたらす感化力を指している。理想的な慈愛の心である仁が自ずと発揮されるような振る舞いの型があるではないか。わかりやすい例として『論語』の次のような箇所があげられている。

貴人の特質は風のようなものであり、一般人の特質は草のようなものである。風が吹けば草は身を屈さねばならない。(君子の徳は風なり、小人の徳は草なり。草、これに風を上《くわ》うれば、必ず偃《ふ》す)(顔淵一九)

自分を律し、常に礼に向かえば——世界中の誰もが彼の仁に応じる。(己れを克《せ》めて礼に復れば天下仁に帰す)(顔淵一)

人間が呪術的感化力を発揮するためには、形式を通してなされる熟練が必要である。これを孔子は「礼」とよんでいるが、それは広い意味での儀礼(儀式)の領域である。人類諸社会では、天(神々、神仏、神)がつかさどる聖なる宇宙的秩序(コスモス)が信頼されてきた。宇宙的秩序、またそれに対応するよき社会秩序は、人間が主役となる儀礼を通してもたらされると信じられてきた。孔子は聖なるものに通じる儀礼を、社会生活の全般にゆきわたる熟練した人間的実践の事柄へと拡充して理解した。

死者や先祖や神仏に礼を尽くすのはいかにも儀礼らしい儀礼だが、そもそも生きている他者に挨拶を行うことと連続的であることは見やすい道理だ。他者に挨拶することが儀礼的行為であるなら、敬語を用いること、弁解すること、懇願すること、賛辞を呈すること、契約を行うことすべて儀礼的次元を含んでいる。祈りに通じていると言ってもよいだろう。

お辞儀や握手において顕著に表れる儀礼的所作の要素が人間のあらゆる慣習的動作に浸透しているように、挨拶の言葉や敬語にあたる儀礼的側面は言語活動全体に浸透している。そうであるとすれば、自然を越えた人間的秩序、つまり文明的秩序に従うとは主体的個人が決断し選び取るというより、大いなる「道」を歩みつつ熟練し習得していくものと見なすべきだろう。宗教は心の内の事柄などではなく、世界に属する事柄、からだ（身体）の事柄である、そのようなものとして「道」の事柄なのだ。

孔子は確かに主体的・心理的な側面にもふれている。なかでも「仁」は重い位置を与えられている。キリスト教の「信」や「愛」に対応する儒教的「信仰」の核心を「仁」に見ようとする解釈もある。だが、フィンガレットによれば、「仁」の基本は個人の心のなかのことというより、人と人との関係に関することだ。

自分を立てようとするなら、他人を立てようとすべきだ。自分が進むのを望むなら、他人を進ませるべきだ。譬えを摑むには、身近なものから。［すなわち、隣人を自分自身の如く捉える――フィンガレット注］そうすれば、仁の道がある。（夫れ仁者は己れ立たんと欲して、人を立たしめ、己れ達せんと欲して人を達せしむ。能く近く譬えを取る。仁の方《みち》と謂うべきのみ）（雍也三〇）

「礼」を実践し、「道」をはずれないことによって「仁」は個人に現れ出てくるものだ。主観的内面が先にあるのではなく、客観的振舞が先にある。客観的振舞こそが相互の信頼と尊重を、したがって人間の尊厳を実現していく。共同体のなかで儀礼を習得していくことによってこそ、人間は聖なる道を歩み人間性を聖なるものへと近づけていくことができる。

†聖なるものとしての俗

フィンガレットは論語のなかの「器」という語に注目している。孔子は弟子を供物の器にたとえたことがあるが、それは道具としておとしめるためではなかった。

「徳はそれ自体では存立しない。それに隣接するものがなければならない。(徳孤ならず、必ず隣あり)」と孔子はいう(里仁二五)。共同体のものである儀礼において他者と関わることによって人は変身する。この変身に至るまでは、人は真に人ではなく、潜在的に人であるに過ぎない(中略)人間を個人主義的な自我ではなく共同体の儀礼の参加者とみなせば、我々の目には、人間が新たな聖なる美をまとうのが映るだろう。ちょうど、供物の器が美しく映るのと同様に。(中略)人間が聖なるものであるのは、キリスト教のように、神の「断片」、不滅の魂を自らのうちに、他人とは独立に、絶対的に所有していると考えられているからではない。さらに、個人の「開花」「自己実現——島薗注」が中心的主題でもない。人々の儀式的行為のなかにある人間性の開花こそが主題なのである。(一六四—七ページ)

このように「礼」という俗なる現実での客観的実践のなかに宗教性を見る見方に対して、集団優位の社会観や伝統主義や権威主義の抑圧性につながる考え方であるとの懸念が当然生じるだろう。著者もそのことを意識している。「礼」は宇宙的な「道」の現れであるし、「礼」の源泉は理想の徳治がなされた遠い過去にあると見なされているので、現状の秩序にべったりつき従おうというのではない。孔子は新たな普遍統合的文明の理念を示そうとした文化改革者なのだと論じているが、「礼」が排除しがちな異質性や多様性についての論究は十分とは言えない。

フィンガレットの孔子論を東アジアの宗教史理解に、また宗教一般の新たな理論に適用していくには、いくつも留保や注釈を付していかなくてはならない。だが、共同存在である人間に内在する聖性が、日常に浸透する儀礼的実践を通して具現するという観点からの宗教理解、儒教理解は、確かに傾聴に値する。現代人は多かれ少なかれ、「聖なるものとしての俗」の信奉者なのかもしれない。

V　宗教的なものの広がり

宗教が過去のものとなりつつあるとして、それはただ消え去っていくものなのだろうか。「宗教そのもの」が身近でなくなるとしても、「宗教的なもの」はなお生きつづけているし、むしろその重みは増しているかもしれない。

特定宗教を深く信仰していない人でも宗教的なものから離れることはできないし、宗教的なものに未来への希望を託したりすることもある。ノスタルジー（郷愁）にすぎないと切って捨てたくなるだろうが、それだけではすまない意義がある。一つには人間生活がいかに広く深く宗教的なものに影響されているかを自覚させてくれることだ。

これは近代的な「宗教（religion）」概念がもたらす錯覚に関わっている。そもそも宗教を他の生活領域から切り離して、壁で区切られるような独自の領域をもったものとして理解しようとしてきたことに無理があった。とりわけ近代以前の民俗文化において、宗教とそれ以外の諸領域は浸透し合っていた。遊び、芸術、物語、芸能、儀礼、礼、コスモロジー、自然観、死生観等々。

かつて人々が生きて経験した仏教も経典の仏教とは大きく異なっていた。かつての宗教者も宗教的なもののさまざまな領域に関わっていたのだ。ここに取り上げた書物は、宗教的なもののそうした広がりを明らかにしつつ、宗教への洞察を深めてくれる。

柳田国男『桃太郎の誕生』（原著刊行年　一九三三）
――説話から固有信仰を見抜く

柳田国男（一八七五―一九六二）は日本の「常民」の生活文化を学ぶ「一国民俗学」を構想し、それを「新国学」とも称した。主として口頭伝承から外来文化流入以前の日本民族の宗教文化を突き止めうる。それが固有信仰としての先祖崇敬だとした。

†巷にあふれる神話や説話

グローバル化とシステムの合理化が進む二一世紀に入って、人々は神話や説話の世界にそこはかとない愛着を覚えているようだ。ハリー・ポッター、もののけ姫、ゲド戦記など、ファンタジー映画やアニメは人気を集めている。現代娯楽文化には「宗教ネタ」があふれているが、とくに神話や説話は多用されている。神話や説話が宗教や信仰と関わりが深いことは意識されている。だが、それらが実際に宗教や信仰とどう関わりあうのか、従来どう関わりあっていたのかについて意識することは少ない。

だが、神話や説話の背後には驚異の世界、神秘な領域を信仰する心性があった。日本の民俗学はそのことを強く意識して心意伝承とよび、そこにこそ民俗学の探究の核心があると考えた。その日本民俗学の父ともいうべき柳田国男は、地方色豊かな日本各地の昔話や民間説話を読み解いていくと、すぐそこに信仰する心性が見出せるという。柳田はそれを「神話」とか「固有信仰」とよんだ。固有信仰の研究を常に念頭においた柳田民俗学は日本の宗教民俗学としての性格が濃い。その本領が発揮された領域の一つが昔話研究だ。

†昔話の宗教的背景

日本の昔話を世界の昔話と比較して、影響関係を云々することも無意味ではない。だが、その前に国内の伝承をもっとよく調べてみるべきだと柳田はいう。桃太郎、瓜子姫、一寸法師、舌切雀、花咲爺等々、世界的な話型の比較から分かることもあるが、国内の多様な伝承を比較していくと、なぜそのような話型となったのかが見えてくる。そうすると、素朴な空想の産物と思われたファンタジーや笑い話の背後に、日本人の古来の信仰をしのばせる表現や感性が次々と浮上してくるという。

桃太郎の物語でまず大切なのは、川上から流れて来た小さな子だったということだ。神社と結びついた伝承としては、川上から流れてきた丹塗矢《にぬりや》によって玉依姫《たまよりひめ》が身ごもり、賀茂別雷命《わけいかずちのみこと》が生まれたとする賀茂神社縁起や、蛇体の神と結ばれたヤマトトトヒモモソヒメの物語をもつ大神《おおみわ》神社の伝承がすぐに思い浮かぶ。全国に水の神が先祖と結ばれた由来を有する名家の伝承がある。沖縄で信じられた海中の他界、ニライカナイをあげるまでもなく、海彼、川上（山中）、水中の異界の神と人とが交流するという信仰世界が背後にある。

神から授かった「小さ子」物語、「申し児」説話は多い。「水の神」信仰との関わりが見えやすいのは瓜子姫や一寸法師だが、異界の存在として蛇、狐、狼、鼠、鶴など、さまざまな動物が登場する。嫁が実は異界の存在で、誤って本来の姿を見られてしまったために去ってしまったという物語は記紀神話にもあり、よく知られている。

甲州の上九一色村で記録された説話に次のようなものがある。——子のないのを憂えていた老夫婦が神様に授かった子を龍吉と名づけて育てたら、蛇体となった。やむをえず、山の頂上で「また用がある時はここへ来てよぶから」と言って放すと喜んで走り去った。その後、旱魃があり、殿様から雨を降らせた者には褒美をとらせるというお触れがあったので、爺婆が山に登り龍吉をよぶと、大蛇となった龍吉が現れ、七日の間、静かな雨を降らせてくれた。（一五六ページ）

昔話は子どもに語り聞かせるもので信仰要素は乏しいが、土地固有の由来や奇瑞を語る伝説となると信仰要素は多い。誰がどんな目的で語ったのかということに注意して見ていくと、説話の宗教的背景が見えてくる。

全国によく似た話型が見つかるのは、それを伝え歩いた職能集団があるからだ。彼らは信仰を伝えつつ、語りや芸能で人を喜ばせて生計を立てていた。盲人の集団が語り伝えたと思われる次のような説話もある。

昔ある処に一人の爺があつて、師走の町に門松を売りに行つたが、一つも売れぬのでその帰り路に、橋の上からその松を皆水の中へ投げ入れた。さうすると川の中から人が出て来て礼を述べ、龍宮へ案内してくれて、そこで大層な御馳走になつた。さうしてお土産に頂戴して来たのが、打出の小槌といふ一つの宝物であつた。米というてその槌を打つと米が現はれ、それを入れる為に倉と謂うて打つと、また忽然として倉が建つた。隣の悪い爺が聴いてこれを羨み、強ひて小槌を借りて帰つて、僅かな間に成るべく多くの米と倉とを出さうとして、急いで続けさまにコメクラ・コメクラと謂つて打つたら、米と倉とは出ないで、沢山の小盲が現はれ、終にその欲深爺を責め殺したといふ話になつてゐる。（三三九ページ）

説話を伝え歩いた、盲人の集団が笑いを誘うために説話を改変したものだろうが、そこに悲しい気持ちがうかがわれると柳田は言っている。信仰を含み持った説話が昔話となるとおかしさを求めていく。だが、笑の中には残酷な要素が少なくなかった。

だが、時には中国やインドに起原をもち、娯楽文化として広められた昔話が、地域社会に根づく際、信仰的な要素を吸収していくこともある。山口県山陽小野田市の山陽線厚狭駅近くには寝太郎荒神の社があり、昭和初期、「名物寝太郎餅」で有名になった。その寝太郎荒神の由来譚が紹介されている。「寝太郎は三年三月の間寝通して、貯への穀物を食ひ尽してしまつた惰け者であつたが、人の知らぬうちに大川の水を引く工夫を凝らし、千町歩の荒地を開発して、忽ち大福長者になつたといふ偉人である。二百十歳まで長生したなどとも伝へられる。」（一八四ページ）寝太郎荒神はその寝太郎を祀ったとも、寝太郎の守り神であったとも伝えられているという。

荒神の信仰は無病息災家内安全を願って、夜を徹して語り合う庚申講を通して根づいてきた。庚申講は昔話が語られる重要な機会でもあった。ところが、ある伝承では、寝太郎はあだ名で、元来は悪七兵衛景清の後裔ということになっている。柳田は景清の名を語るのは、盲人の芸能伝承集団だったといい、「庚申待の宵には、彼等は欠くべからざる御伽の人数であつたのである」と述べている。（一八五ページ）

†柳田学から何を学ぶか

柳田国男は日本の民俗宗教についてひじょうに多くの著作を残しており、それらは民衆の伝承的な信仰の世界を理解するための宝庫ともいえる。今ではもっと宗教性が強かった過去の習俗や伝承の意味がわかりにくくなっている。しかし、多くの資料を集め比較考察していくと「固有信仰」(日本民族が古来もっていた独自の信仰)に淵源するような民族の原型的意味世界に近づいていくことができる。柳田国男の民俗学的探究はそのような信念に基づき、原型遡源の熱い情熱のもとで進められていった。

今そこから何をどう学ぶか——これは工夫が必要だ。柳田が収集している資料のストックは膨大で、それを次から次へと繰り出しながら論述を進めていくので、読み手はあれよあれよと感心しているうちに、その論述の意義を見失ってしまう。柳田は「固有信仰」を明らかにすることに焦点を合わせることが多い。だが、もっぱら日本人の「固有信仰」が何かについての論述として読むのは、柳田学という果実の果汁をしぼった後のひからびた固形物だけを食べようとするようなものである。

『桃太郎の誕生』でも柳田は日本の昔話と「固有信仰」との関係を重視している。たくさんの昔話が相互に関連づけられるものであることが示され、民俗宗教の信仰世界の特徴を多々学んだ後の結論にあたるような部分である。

> 私は最初海の神を少童と書いてゐた思想が、日本の田舎では大よそいつの頃まで遺り伝はつてゐたらうかを考へて見るために、桃太郎の桃や瓜子姫の瓜が流れ下つて来た川上の方に思ひを馳せてゐた。斯邦の固有信仰の中には、優れた小子《ちいさこ》を神より賜はつて、それを大切に守り育てて下界の生活を美しくしようという希望の強かつたことだけは、変転零落した色々の逸話を貫いて、今もなほ之を窺ひ知ることが出来るのである。（三二八ページ）

桃太郎や瓜子姫が水の神や水域の彼方の他界の信仰に由来していること、また「小さ子」の物語が神の子の到来という信仰に由来しているという洞察は貴重だ。民俗宗教の感性が現代人の感性とまるっきり別世界のことではないことがよく理解できる。だが、本書の叙述から輪郭鮮明な「固有信仰」があったとしてよいかどうか大いに問題である。そもそも日本人は単一の宗教文化をもっていたのだろうか。大いに疑わしい。

しかし、すぐその後に柳田は次のように続けてもいる。

第二の仕事としては、その僅かに保存せられてゐる古代人の心意と、これに影響した後世の文芸生活の種々相が、果してどういふ風に骨折つたなら一つ一つ引離して観測することが出来ようかを説いて見る気であつたのである。(同前)

この「第二の仕事」は複雑な知的推理を要し、さまざまな発見を含んでいる。それを通して歴史の中を生きてきた人間の息づかいがよみがえってくる。民俗宗教的な心意の種々相が担い手や語りの場とともに露わにされていくのだ。柳田国男の名人芸的な分析が見事に生かされているのは、むしろこの「第二の仕事」においてなのだ。

ホイジンガ『ホモ・ルーデンス』（原著刊行年　一九三八）
——遊びの創造性と宗教

ヨハン・ホイジンガ（一八七二—一九四五）はオランダの人文学者。言語学を学びインド古代文学を学んだが、文化史研究に転じ『中世の秋』（一九一九年）で著名になった。歴史学の枠を超えて、学際的な文化研究に乗り出し本書を著した。

†なりきり遊び

物語にすっかり夢中になって、主人公の動物の気持ちになりきっている。愛してしまった王子様の死を悲しむ人魚姫にすっかり情が移って涙に暮れている。そんな記憶はないだろうか。アニメを見ていてドラえもんの気持ちになりきる子どもは多かったのではないか。

物語の世界は日常生活の世界の向こう側にある。忍者屋敷の扉のように一押ししてみると別世界に抜け出ている。魔法の世界だ。そこには白雪姫と七人のこびとたちがいて、自分はそのひとりなのかもしれない。

童話や幻想文学やSFという書物の中の不思議の世界だが、皆が演者となったり観衆となったりして参加する共同の舞台でも同じようなことは起こる。ミュージカルの主人公の躍動に観衆は我を忘れることもある。そもそも演劇を見ていて、登場人物の気持ちに引き込まれないのは寂しい。演ずる側からすれば、主人公に変身した気持ちで演じるのは自然だろう。

子どもがゴッコ遊びをするときはどうか。お母さんになりきってママゴトをしている女の子の心理はどんな状態なのか。お母さんやお父さんになりきれるのなら、どうしてお姫様や王子様になれないことがあろうか。

ウルトラマンやイチロー選手のまねで大まじめの子どもたちの気持ちを大人たちはすっかり忘れてしまうことはない。今でもオリンピックなど、テレビのスポーツ放送を見て夢中になることがある。そういえば少年時代には自分がからだを動かし、競技に熱中して我を忘れていた。

†「聖」と重なり合う「遊」

それなら、神が降りてきたり、とりついてくる霊の気持ちを伝えたりするシャーマンはどうか。神代にもどって神を招き降ろし鬼とともに夜を徹して踊る、かつての神祭りの心情は理解できないものだろうか。わが氏族は鷹と縁が深いとか、一族の先祖は白蛇だったとか信ずるのは奇妙なことだろうか。また、受難のイエスを演じてともに涙を流すのは理解が難しいことだろうか。

西洋中世史の大家であるホイジンガの『ホモ・ルーデンス』が切り開いたのは、こうした宗教理解の地平である。確かに文化のあるところ、どこにでも「人間——遊ぶ存在(ホモ・ルーデンスの意味)」がいる。古今東西の文化資料を拾い上げながら、ホイジンガはそこでこそ人は生き生き輝いていると論じる。仕事や義務に縛られた忙しくかつ退屈至極な実用的日常から解放され遊びの世界に向かうとき、それこそ自由と創造性のはばたくときだ。「遊」はまた、「俗」に対する「聖」の輝きとも境を接していると言う。ホイジンガはまじめな「聖」とわがまま勝手な「遊」を対立させるのではなく、両者が重なり合う側面に注目する。「俗」を超え出て行く力に関心があるのだ。

†闘技としての遊び

ニューギニア東方の島々の人々と数年間をともに過ごした文化人類学者、マリノフスキーが伝える「クラ」とよばれる贈与儀礼についての記述はホイジンガの関心のありかをよく示している。クラは他の氏族に貴重なものを惜しみなく与える儀礼だ。たとえば、赤貝の首飾りや白貝の腕輪をもらった氏族は、いつかそれを別の氏族に贈る。あたかも交易のようだが、その目的は商品交換とは異なる。利益を生みださない事物が荘重に扱われる。

それらの品々は聖なる価値をもっている。魔力をもっている。また、最初それがどうやって手に入ったかを物語る歴史がつきまとっている。(中略)この行事のいっさいは、あらゆる種類の定式、決まりきった儀礼によって、いかめしい雰囲気と呪力のもとで行なわれる。すべては相互的義務と信頼の世界のなかで、友誼と歓待、気前のよさ、度量、物惜しみなさ、名誉、声望などの領域で催される。(中略)この神聖な儀式制度すべての根柢に、われわれは見紛うことなく、美のなかに生きたいという人間の欲求を見る。この欲求が満足を見いだす形式、それが遊びの形式なのである。(一四二―三ページ)

俗の領域よりももっと念入りでわずらわしく束縛だらけかもしれないこうした儀礼にホイジンガは聖なるものと自由の輝きを見ている。遊びの中でこそ集中力ときまじめさが発揮され、そこからすばらしい卓越した技が披露される。クラもそうなのだが、遊びのなかの闘技の側面をホイジンガは強調する。イスラーム以前のアラブで行われた「名誉競争《ムファーハラ》」

について、懐かしげにこう語っている「敵対しあう両派が相会すると、まず始められるのがそういう名誉のための競技である。そのときは詩人、あるいは語り役が主要な役割を受け持つことになり、それぞれの派には公的な代理人がいた。」（一五二ページ）

争いは芸術的な雄弁競争によって「解決」されるのだ。そしてそれは儀礼的な意味をもっていた。神の審判を仰ぐわけだが、そのために力を尽くして技を披露し合う。そこに文化的創造があり、社会全体が活気づく祝祭の場があった。「イスラム教が抬頭したことは、この習慣に新たな宗教的傾向を加え、あるいは、それを宮廷的社交の遊興に弱めてしまう結果となり、この古代的風習は損なわれてしまった。」（同前）

†演技としての遊び

闘技と並んでホイジンガが強調するのは、演技の側面だ。多くの学者が取り組んできた「トーテミズム」という難問、つまり、なぜ人間は特定の動物と血のつながりがあるなどと考えるのかという問いに彼は遊びという答を持ち込む。「祭祀とは結局、何かを表出して示すこと、劇的に表現して表わすことである。つまり、物事を形象化してイメージを創《つく》り出すことによって、現実にとって代るものを生み出す行為である。時が巡《めぐ》って季節の聖祭がふたたびやって来ると、共同体は、自然の営みのなかに起こるさまざまの偉大な事件を、神に捧げまつる行事に演じて祝う。」(四六―七ページ)だが、これはまさに遊びがなすことでもある。

呪術の舞踊を踊っているとき、未開人はカンガルーなので「ある」。(中略)未開人はカンガルーのもつ本性をその身に帯びた。そのことをわれわれは、彼はカンガルーを演じている、と言うのである。しかし未開人は、存在と遊びを区別できない。つまり、その存在であることと、その存在を演ずることとのあいだに何ら概念上の差別を知らない。(六七―八ページ)

ホイジンガはこれを「聖なる遊びの世界」という。そこには、「子供と詩人が未開人と共に棲《す》んでいる」。(六九ページ)

†遊び中心の宗教観

ホイジンガは遊びの役割を大きく見積もり過ぎているのではないかと思うところもある。「原始社会の遊びは、ちょうど子供が遊び、動物が戯れるのと同じなのである。その遊びは、初めから遊びに固有なもろもろの要素、すなわち秩序、緊張、運動、厳粛、熱狂に充たされている。」(五一ページ)これは、人類史上、宗教がまだ出現する前の段階に遊びに充たされている原始人の世界があったということだ。遊びこそ根源であり、何ものにも従属しない独立領域なのだ。

やがて人間は遊びの外に出て、さめた心で遊びを意識するようになる。そこでこそ、聖なるものの観念や宇宙的感情といったものが生じてくる。

われわれ人間は宇宙秩序のなかに嵌《は》めこまれた存在なのだという感情が、一つの独立的な質である遊びという形式、遊びという機能のなかでその最初の言葉を発し、またおそらく最高至聖の表現をさえ見いだすようになる。このようにして、神聖な行為という意味合いがしだいに遊びに滲みこんでゆく。祭祀が遊びの上に接木《つぎき》されたのだ。しかし、あくまでも根源にあるのは遊ぶというそのことである。(五一ページ)

宗教のこうした側面は見逃されがちだ。遊びや芸術と宗教は対極にあると考える人もいる。とくに近代的な神学・教学や宗教観では、宗教を「信仰」として、また個人の心の内の事柄としてとらえる傾向が強かった。悪にそまった人間の本性を深く省みて根源的自己の自覚に至るとか、孤独な修行や瞑想の果てに体験される合一の境地といったところに宗教の宗教たるゆえんを見る見方も根強い。個人主義や合理主義、あるいはその対極にあるかに見えて実は相通じるところがある非合理主義や体験主義の影響を受けた人間観や宗教観に対して、ホイジンガの遊び中心の人間観や宗教観はよき解毒剤となる。

ホイジンガは遊びの創造性に期待をかけすぎているようでもある。高級な趣味を愛し、卓越を好む貴族主義の気配もある。西洋人文主義の伝統のなかから生み出されたこのような宗教観に敬意を払いつつ、「芸」や「道」の伝統をもつ私たちの身の回りをも振り返ってみたい。

エリアーデ『宗教学概論』（原著刊行年 一九四九）
——有限が無限に変容するとき

ミルチャ・エリアーデ（一九〇七—八六）はルーマニア生まれの宗教学者。ルーマニア民俗やインドのヨーガの研究から出発。戦後、フランスで『シャーマニズム』などを発表。五六年よりシカゴ大学で教え、『宗教百科事典』の編者ともなった。

†エリアーデの魅力

二〇世紀後半の世界の宗教学の代表者だったエリアーデだが、その主著はどれかと問われると困る。晩年の大著『世界宗教史』（一九七八—八三年）は、広大な視野をもちつつバランスのとれた堅実な叙述がなされ信頼できる。他方、始原的《アルカイック》（古代的）な宗教性の価値をたたえ、俗なる現実や合理的変革意識にとらわれている人々を睥睨《へいげい》する高踏的な理論家の側面もある。だが、はっとするような鋭い見方の切れ味という点では後者のエリアーデも捨てがたい。

もっとも華麗で論争的なのは『永遠回帰の神話』(一九四九年)だが、必ずしも単純ではない複数の魅力的な論点を資料で裏付けていて、読者に考えるゆとりを与えてくれるのは、ほぼ同時に刊行され、その姉妹編とも位置づけられている『宗教学概論』だろう。この本は日本語版では三巻に分かたれており、叙述も単調ではなく若いエリアーデの考え方や関心の変化も反映している。

†俗から聖への転換

『宗教学概論』は宗教を「聖なるもの」によって定義しようとする同時代の動向に従っており、その鍵概念は「ヒエロファニー」だ。聖と俗はまったく異なるものだが、俗世界は聖なるものに転換しうる。俗なるものが聖に転換することをヒエロファニー(聖なるものの顕現)とよぶ。『宗教学概論』はヒエロファニーの神話や象徴の研究書であり、第一章「概説——聖の構造と形態」、第十二章「神話の形態と機能」、第十三章「象徴の構造」はその方法論と結論だ。ヒエロファニーとして論ずれば、一神教の立場からは偶像崇拝と見なされてきたような事柄、つまり俗なる世界の有限な事物に聖性を付与する態度が、真正な宗教性の表れであることを示すことができるという。

フレイザーの『金枝篇』と同じように、『宗教学概論』は未開宗教や民俗宗教の事例をふんだんに並べ、そこに真正な聖なるものの表れを見届けていく。『金枝篇』では知性の劣る原始人の呪術と見なされていたものが、ここでは本来宗教的である人間（ホモ・レリギオース）の真正な奥深い宗教性の表れとして解釈されていく。このように未開宗教・民俗宗教や東洋宗教について深い知識をもち共感的な叙述も行ったエリアーデだが、民俗的な宗教性を包み込んだキリスト教に愛着をもつ立場を生涯捨てることはなかった。以下の引用文はこのことを念頭に置いて読んでいただくとわかりやすいだろう。

一切のヒエロファニーは受肉の奇蹟［神がキリストという「肉」の形をとるという奇蹟］の予示にほかならず、それぞれのヒエロファニーは人と神の一致の秘儀を啓示することに失敗した試みにほかならない、とさえいうこともできよう。（中略）神の享受する自由によって、神はどんな形、たとえ石や木の形でさえもとることができる。われわれはさしあたり、「神」という語を避けて、次のようにいい表わす。すなわち、聖はどんな形のもとでも、たとえどんなに異常な形のもとでも示現されるのである。要するに逆説的なこと、理解できないこととは、聖が石や木の中にあらわれること自体でなく、聖がみずからをあらわし、したがって自己限定をして、相対的になる、ということこそそうなのである。（『太陽と天空神』第一章「概説」七一ページ）

ここでは、「石」と「木」が例にあげられているが、これらはそれぞれ第六章「聖なる石」、第八章「植物」で主要論題となっており、その間に第七章「大地、女性、豊饒」がはさまっている。その前に、本論は第二章から第五章へと「天空」「太陽と太陽崇拝」「月と月の神秘学」「水と水のシンボリズム」と進んで来ている。「天」「太陽」「月」「水」「石」「大地」「木」――これらの事物へのヒエロファニーが順次、検討されていくのだ。有限な事物であるが、無限なものや超越性、あるいはまったき形而上学的実在としての聖なるものを「意味」しうる――これが神秘家エリアーデの主要な論点だ。世界の諸宗教、とくに神話や古代宗教の世界像を「事物に現れる聖なるものの諸形態」という観点から解釈していくのだ。

天と月と水と木について見ていこう。天の神の信仰は人類のもっとも古い信仰だとエリアーデは考えている。それは太古以来の人類の自然な宗教的思考による。「天空はあるがままのものを啓示する。すなわち、無限、超越である。空はおよそ人が表象するものや、人の生活空間とは、すぐれて「まったく別のもの」である。空の超越性のシンボリズムは、ただその無限の高さを認識するだけから発生してくる、とさえいえよう。」(『太陽と天空神』八二ページ)宇宙の超越性がそのものとして表れるのが、天空や太陽のシンボリズムだ。

だが、月の神の信仰となると生命が主題となり、「循環的にくりかえされる生」のヒエロファニーとなる。月の満ち欠けは死んで再生する生の循環を思わせる。月のシンボリズムは水や大地や植物、とりわけ農耕に関わりが深い（第九章「農耕と豊饒の儀礼」へと連なる論点）。ひいては、人間自身の死と再生をもそこに見てとるようになる。月は存在と非在、生と死、光と闇の継起によって実現されるリズムを表し、その逆説を通して超越性を喚起する。光と闇に分裂した実存を廃棄し、まったき実在に立ち返ろうとする渇望を体現する。この論点は「永遠回帰の神話」への関心に通じている。

水はすべてのものの源泉・起源であり「潜在的形質」を象徴している。水は形を解体し、「罪を洗い清め」、再生させる。だが、水はそれ自体で形をとってあらわれることはできない。洪水により原初の混沌にもどし、世界の終わりをもたらすのも水だ。だが、水があるからこそ生命は再生し、宇宙創生も起こる。水のヒエロファニーは、このような生命循環をもたらす潜在性に由来する。脱皮によって再生を象徴する蛇は、水のシンボリズムと深い関わりがある動物だ。月と水は神話や説話で度々結びつけられてきたが、そこには死と再生の循環、永遠回帰の希望を反映するシンボリズムが関わっている。

聖なるものとしての木でもっとも重要なのは、「世界の中心」（世界軸《アクシス・ムンディ》）として宇宙を支える木だ。古代メソポタミアの神話的英雄、ギルガメシュはふしぎな木の傍らで「ぶどう酒をもつ女」に出会う。エデンの園の善悪を知る木もぶどうの木と伝承されている。世界の中心である永遠の「生命の木」は不死の根源であり、そこでこそ宇宙の創生がくりかえされる。フレイザーがこだわった「金の枝」もそのような宇宙木ではなかったか。樹木の偶像崇拝は呪術的な信仰と解されてきたが、その背後には、宗教的、形而上学的意味があるのだ。

天、月、水は確かに人類にかなり普遍的に見られるコスモロジカルな思考の素材だろう。だが、木の場合はどうか。エリアーデは世界軸としての木のヒエロファニーに度はずれの力点を置く。小さな領域に関わる木ではなく、コスモロジカルな意味をもつ木が強調されている。特徴的なのは、「中心のシンボリズム」への熱い視線だ。木だけではない。聖所・聖地はそれ自身、「世界の中心」だ。中心を際だたせることが、そもそも聖と俗を分かつ宗教的思考の表れだ。都市、とりわけ古代の都市には「世界の中心」を画そうとするコスモロジカルな態度が見て取れる。都市そのものが宗教的なのだ。

†始源への永遠回帰

『宗教学概論』の叙述が進むにしたがって、神秘家エリアーデが前面に出てきて、叙述はクレッシェンドになり、『永遠回帰の神話』の論点に近づいていく。宗教的思考はつねに原初のまったき実在の時へと回帰していく。そのことによって近代人が屈服しがちな「歴史の恐怖」を遠ざける。儀礼の度にくりかえし「かのはじめの時」に回帰する未開人の神話的思考にこそ、忘れられている普遍的宗教性の核心がある。第十章「聖なる空間——寺院、宮殿、「世界の中心」」、第十一章「聖なる時間と永遠再始の神話」の主要な論点だ。

宇宙と人間とは、たえず、どんな手段によっても、再生し、過去は消滅し、過ちや罪は除去される。こういった再生のための手段は、いかにさまざまに定義されようとも、同じ一つの目的をもっている。すなわち、過去の時間を無にし、「かのはじめの時」に常に立ちもどることによって歴史を廃することである。(中略) 水のシンボリズムや月のシンボリズムが、古代人の精神生活で重要な役割を果したというのは、まさにこのシンボリズム自体や、「形態」がたえずこわされてはつくられていること、循環的に消滅しては再び出現していること、永遠回帰(実際には、始源への永遠回帰)などを明白にしてくれるからである。宇宙論から救済論にいたる、あらゆる面において、再生の観念は新しい時間という概念、すなわち、人間が時折は到達できる、〝絶対のはじめ〟への信仰と結びついているのである。(『聖なる空間と時間』一一二—四ペ

ージ）

確かに人類の宗教的思考のある種の特徴を印象深く示してくれていて啓発されるところが多い。だが、この当時のエリアーデの書物には、彼自身の独自の思想の表明がかなり入り混じっていて、それはそれで魅力的ではあるが、すぐに肯けない気持ちが残る。宗教そのものを論じた書というより、宗教史にかいま見えるコスモロジカルな思考を華麗に描き出した「永遠へのノスタルジー」（同上、一一五ページ）の書ともいえるのである。

五来重《ごらいしげる》『高野聖』（原書刊行年　一九六五、七五）
――唱導と勧進の仏教史

五来重（一九〇八―九三）は仏教学を学んだ後歴史学に転じ、さらに柳田国男が基礎づけた民俗学に親しんだ。歴史研究とフィールドワークを結び付け、仏教と民俗宗教の密接な関連を明らかにし、日本宗教史に豊かな展望を切り開いた。

†生きられた仏教

指導理念を提供する「教義」「聖典」や、学僧が練った「宗教思想」を通して宗教を理解することが必要なのは当然である。だが、そこにこそ「本来の」宗教の真相があると考えるのはどうだろうか。聖典宗教ではそう考えるのが正統的な伝統だろう。学知に依拠して宗教を「教える（教化する）」立場の聖職者や神学者・教学者たちは、その伝統の継承者だ。だが、「生きられた」宗教こそが「教義」や「宗教思想」を支えている。人々の生活形式となった宗教の実像を明らかにすることなしに、深く宗教を理解したとは言えない。

仏教においては「教義」や「宗教思想」と「生きられた宗教」のギャップがひじょうに大きい。仏教では限られた聖者が達成した高次の学知や心的境地のなかにこそ、「本来の」目標があり、達成があるという信念がその伝統に深く織り込まれているからだ。近代仏教学が経典や思想書の文献学的研究に没頭していったのは、こうした学知・内面知を尊ぶ聖者崇拝の伝統と関わりがある。しかし日本仏教の特徴とは、まさに学知的・内面知的な聖職者的仏教理解を覆す、在家的・俗人的な仏教の優位という点にある。

日本の仏教史を虚心に見れば、経典や祖師の「思想」からはとても想像できない「生きられた仏教」の姿が見えてくる。そしてそれは今日の私たちが身近に体験し見聞している「生きられている日本宗教」の由来をわかりやすく示してくれもする。

柳田国男の民俗学の影響を受けつつ日本宗教史を学んだ一群の学者たちは、このことを確信してねばり強い探究を行い、宗教史研究の新しい地平を切り開いてきた。折口信夫、堀一郎、圭室諦成《たまむろたいじょう》、高取正男、竹田聴州、萩原龍夫、櫻井徳太郎、森岡清美、宮田登らの名が浮かぶが、ここでは中世宗教史の底流を担った遁世僧の世界、すなわち「聖《ひじり》」の世界を読みやすく深みもある文体で描き出し、「生きられた日本仏教史」の展望を鮮明に指し示した五来重の名著を取り上げる。

†聖《ひじり》という存在

「聖」は僧院の中で経典を学び修行を行う正統的な僧侶のあり方を捨て、「別所」など人里離れた拠点に住み、他方で民衆の救済・教導に力を入れる遁世僧である。そもそも出家して僧侶となることが現世を捨てることを意味するとすれば、「聖」は体制化した僧侶集団の限界を自覚してそこをも捨てるのである。

煩悩に満ちたこの世（俗）からの離脱を徹底するための遁世であり、「二重出家」ともいうべき行為だが、実は「聖」となることが逆に俗へと近づいていくことをも意味していた。「聖」とは多くの場合、「俗聖《ぞくひじり》」なのだ。だが、それは必ずしも仏教精神に反するものではない。むしろ大乗仏教の目指すところと一致するものではないか。

このような聖の生態は、聖が原始宗教者の仏教的変形であるということのほかに、大乗仏教は究極的には在家仏教であるから、小乗的な戒律を無用とする思想があることにもとづくのである。わたくしは大乗仏教とは一種のヒューマニズムであり、自我をすてて他に奉仕する人間愛であるとおもう。（中略）ヒューマニストとしての人間愛から社会的作善をおこなうかぎり、戒律は絶対的なものでない、という思想が聖にはあったのだとわたくしはかんがえている。この聖の精神を現代に生かさなければ、現今の日本仏教を担う俗聖的妻帯僧は、中途半端な自責と自信喪失から立ち直って、社会の指導者となる機会は来ないかもしれない。(四六ページ)

民俗仏教研究者ならではの問題意識であるが、今日もまったく古びていない。だが、五来は論争を目指しているのではなく、日本宗教史の解明が目標だ。俗聖的な宗教者が大いに活躍した日本宗教史が解明されていくことで、現代日本の仏教者の俗聖的自覚も強まるだろうというのが五来の希望だった。

†「勧進」と「唱導」

「聖」の特徴として、隠遁性、苦行性、遊行性(回国性)とともに、呪術性、世俗性、集団性があげられる。そして、この両者の関係性を理解するための鍵となる特徴として強調されているのが、「勧進性」と「唱導性」である。「聖」は寺院の再興とか橋や道路の建設など、積善・積徳のための布施を求めて回国する。これが「勧進」である。

ところが勧進のためには、パトロンや民衆の興味を引き、楽しませなくてはならない。そこで芸能や文学を用いることになる。教えを交えながら語り物や音楽・踊りなどを演じるのが「唱導」である。
奈良時代の行基や留学前の空海は非公認の「聖」的な僧だった。やがて「聖」は山林での修行を重んじる修験者と、極楽往生を願う浄土教系の念仏聖に分化していく。平安末期から念仏聖の一大拠点となるのが、空海の真言仏教を継承するはずの高野山である。中世の「聖」は高野聖が代表し、日本最大の歌人、西行も生涯の大半を高野聖として過ごした。その生活は孤高の歌人として美化されている西行像とは異なり、俗塵にまみれたものだったという。

入山後は京都とのあいだを往復して、文学の才をもって貴族のあいだにまじわり、高野山の復興助力をすすめたことがはっきりしている。そのあいだも鳥羽中宮待賢《たいけん》門院の女房たちとの交友があり、女院の崩後、堀川局・中納言局が出家して嵯峨小倉山麓に住んでいたのをまねいたとみえて、中納言の局が高野山麓の天野別所に移り住んだ。（一六二ページ）

天野別所は高野聖の妻が多く住むところであったという。「すなわち、西行という人物は、高野に隠遁しながら、遊行と勧進と妻帯をしておった高野聖の一人とみることができる」(一七八ページ)。聖は正統的な仏教と俗なる人々との接点を構成する存在であり、俗的要素を濃厚にはらむことによって、日本仏教のバイタリティを培ってきたのだ。

だが、数世紀を経て高野聖の勢力は衰え、近世に入るとほぼ消滅してしまう。五来は密教と念仏が混ざりあっていた初期、専修念仏の影響が強まる中期、時宗に傾いていく後期に分けて高野聖の歴史をたどっていく。こうして、祖師と宗派の歴史からなる正統的な日本仏教史からは隠されがちな、「生きられた日本仏教」の歴史が見えてくる。

†聖と民俗文化

高野山は早くから死者を弔う山となった。近しい者の納骨を勧めることは高野聖の主要な布教戦略だった。高野聖が広めた文学や芸能では懺悔のテーマが重い。死者の怨念を背負い、霊を慰め滅罪を願う心情が切々と吐露される。盲僧が語った『平家物語』は初期の高野聖の唱導のテーマをいくつも含んでいる。

滝口入道、苅萱《かるかや》道心、俊寛・有王《ありおう》の物語などで、後々まで語り継がれたものだ。流された遠い島にただ一人残されて死んだ俊寛と、俊寛の遺骨を高野に納めた従者の有王の物語は全国に残されている。五来はさまざまな証拠をつなぎ合わせながらこう言っている。

わたくしの想像では、この種の唱導をもって回国した高野聖は、中世には野辺山陰のいたるところにころがっていた、どこの馬の骨ともわからぬ髑髏《どくろ》を首にかけてあるき、適当なところで人あつめをして「さあさあ皆の衆、これこそ俊寛僧都の曝《しや》れ首《こうべ》でござる」などと口上よろしく、一席ぶったのではないかとおもう。（中略）俊寛有王の唱導は大念仏亡霊供養のあとで、鬼界ケ島にのこされたあわれな俊寛の運命をかたり、あつまった近郊近在の人々に結縁をすすめるのに、髑髏を見世物代りにつかったものであろう。（中略）／そして高野聖は三日か一七日の大念仏のあいだに、賽銭や経《きよう》木塔婆《ぎとうば》代や、高野の各種のお札や経帷衣《きようかたびら》（中略）などの売上げをかきあつめ、結縁法要にはその髑髏を惜しげもなく埋めて塚をきずき、「俊寛僧都頓証菩提のため」、など書いた卒都婆を立てて去ったあとには、俊寛塚がのこるわけである。（一二六―七ページ）

『平家物語』に「灌頂の巻《かんじよう》」があるのは、盲僧がこの巻を語る際、特別の資格が必要であり、そのために密教の「灌頂」を受けたことに由来すると説明されてきた。五来は「灌頂」とは滅罪即鎮魂の儀礼だという異説を立てる。「それは高野聖の俊寛供養にも見られたように、怨死した亡魂をなぐさめることとは、怨魂の生前の罪業を大念仏の功力《くりき》で滅ぼし

てやることであり、滅罪即鎮魂の論理がそこにある。」（一二八ページ）

現在も産死した女性の霊の供養のために行われている民俗的な流灌頂《ながれかんじょう》は、平家一門の罪業を一心に背負った女性の滅罪と鎮魂の法会に由来するのではないか。この解釈は日本宗教史の深層に届いていて魅力的である。そもそも『平家物語』の世界、ひいては日本の文学・芸能の情念世界は、こうした「聖」的な言語と実践の世界を想起することなしには十分に理解できないのではないか。

「俗聖」的な伝統は高野聖に限らない。浄土真宗は自ら「俗聖」的存在だった親鸞の「非僧非俗」の理念を受け継いできている。「俗聖」の別の系譜である修験道や稲荷信仰の世界は、近代以降の新宗教に濃密に受け継がれていく。日本宗教史のこうした特徴の理解は、世界宗教史を照らし出す独自の光源となりうるかもしれない。

Ⅵ 生の形としての宗教

あるべき「宗教」を明らかにするのが宗教学だという考え方もある。だが、かくも多様な「宗教生活」（宗教の影響を受け、宗教に影響を及ぼした生活）に初めから枠をはめてしまうのは残念だし、広い視野と公平な判断力を養うことも意義深い。そもそもさまざまな環境に生き、さまざまな伝統の影響下にあった人々が、多様な宗教生活を生きるのは当然のことだろう。彼らの「生の形」を虚心に学び取ってみてはどうか。

個人的な例をあげると、ご仏壇でお線香をあげることになかなかなじめなかった。だが、礼拝の機会が増えて次第にわがものになってきた。気づいてみれば線香の匂いは懐かしく、死者の臨在感を誘うものになっている。こうしてある伝統をもった宗教的な「生の形」が少しは身につくものになってきたのだ。

では、宗教生活の諸様態はどのように形成されたのだろうか。どのような人々がどのような環境の下で、その担い手となったのだろうか。また、個々の人はどのようにしてその宗教生活を身につけていくのだろうか。そのように他者を理解することによって、自己理解が深まり、宗教の諸相への理解も深まっていく。

文字に書かれた規範や記録も重要だが、真に実在するのは人々の「生の形」である。それを明らかにするには、ともに生活することや語り合うことを含めて、あらゆるタイプのアプローチを活用する必要がある。第Ⅵ章で取り上げる書物は、そうした宗教研究を通して、宗教史や宗教理解に新たな眺望を提示してくれた逸品である。

ニーバー『アメリカ型キリスト教の社会的起源』（原著刊行年　一九二九）
――持たざる者の教会

H・リチャード・ニーバー（一八九四―一九六二）は近代のキリスト教と社会の関係についての考察で知られる。本書は宗教社会学の古典だが、アメリカ・プロテスタント史の諸特徴を生き生きと描いた宗教史の読み物としても活用できる。

†「生の形」としての宗教

Ⅱ章で見てきたように、一八世紀から一九世紀にかけて、超越的真理としての宗教を弁証する知から、人間の事柄としての宗教の諸特徴を明らかにしようとする知への展開があった。それは規範的主体的な学としての神学・教学から価値中立的・客観的な学としての宗教学への展開と要約できないこともない。

だが、このような捉え方が広く賛同を得ているというわけでもない。究極的真理への関わりとしての宗教を論ずるという知のあり方は、今も有効なのではないか。また、価値中立的・客観的な知はほんとうに可能なのだろうか。こうした問い直しは十分成り立つものだからだ。

私自身、宗教についてのもっぱら価値中立的・客観的な学知というものに懐疑的である。だが、究極的な真理そのものを問うのではなく、人間の事柄として宗教を問うという宗教学の性格は確かな基礎をもつと考えている。それは宗教学が形而上学の解体の不可避性・必然性を、正面から受け止めようとする知のあり方だと理解しているということでもある。

人間の事柄としての宗教を問うとき、思弁的内省や古典の文献学的研究だけでは間に合わない。言葉や身体の使用法とか他者との関わりのあり方の総体、つまりは人間の「生の形」(ルートヴィヒ・ヴィトゲンシュタイン)を問うことによってこそ、主体的・実存的な宗教の意義も見えやすくなる。

二〇世紀に入る頃から宗教社会学、宗教人類学、宗教心理学などの諸分野が発展してくるが、そこには宗教をめぐって「生の形」を問い直そうという意欲も含まれていた。神学を学んで来たリチャード・ニーバーが、アメリカ合衆国の宗教生活の形態を問い直して、宗教社会学の古典となる著作を著すに至ったのはこのような文脈でのことである。

†民衆宗教としてのキリスト教

本書の原題を直訳すると『デノミネーション（教派）的形態の社会的諸源泉』となる。「デノミネーション（教派）」というのは、アメリカで宗教的所属を問うときに用いる用語だ。キリスト教のたくさんの教派が並んでいて、ふつうのアメリカ人はそのどれかに所属するのが当然だと考えられている。

だが、この世のさまざまな基準で思い思いの派閥に属しておたがいに壁を作り合っているのは、キリスト教の信仰にふさわしいことだろうか。「デノミネーショナリズム」（デノミネーション的形態）は、本来の宗教的精神や預言者的倫理性がこの世の俗なる基準に屈服した姿ではないか。

では、アメリカでたくさんの教派、とりわけプロテスタント教派が並び立つようになったのはどのような事情によるのだろうか。この問題を考察する手がかりは、エルンスト・トレルチ（一八六五―一九二三）が基礎を築いた教団類型論に求められる。トレルチはキリスト教の教団組織を分類して、その社会の多数者が所属する「チャーチ」（教会）、自らの回心によってその集団を選びとった人のみが属する「セクト」（分派）、加えて個人が自らの独自の信仰を大事にする「ミスティシズム」（神秘主義）の三つの形態に分類した。それぞれがどのような社会倫理を掲げるかを問うことで、キリスト教の「社会教説」の歴史と類型を論じようとしたのだ。

このうちセクトはおおかた民衆の宗教運動によるものだ。ニーバーはこれを「持たざる者(disinherited)の教会」「貧者の宗教」とよぶ。宗教改革以後の西洋では、民衆によるセクト運動が次々と生まれた。そこにはキリスト教発生当時の社会倫理的理想を純粋に実現しようとする情熱が込められていた。再臨したキリストの下の理想社会を夢見る千年王国主義、情緒的な高揚感、権力支配を受け入れない非妥協的精神、友愛と謙虚さが尊ばれた。クエーカー派(フレンド派)のジョージ・フォックス(一六二四―九一)は、こうした「持たざる者の教会」が節度のある形で発展していく宗教集団のモデルを形作った。

貧者の宗教においては他のどのような所にもまして団結と平等、思いやりと相互扶助、負債についての厳格な公正さ、が宗教的価値をもつものとみなされる。また、ここでは簡潔な衣服と誠実な振る舞い、知恵のある者や賢い者には隠して、幼な子にあらわされる〔ルカ10・12〕ような叡知、心の貧しさ、謙虚さと柔和さに宗教的に高い価値が付与されるのである。また、貧者の宗教は、信仰を単純かつ直接的に理解するので、倫理的・知的複雑性によって相対化されることが少ない。(三六―七ページ)

ところがこうした新しい信仰は「裕福な教養人の宗教になっていく過程で哲学的、抽象的、形式的なものとなり、倫理的にも人畜無害なものになっていった。こうした過程が進行してしまうと、社会の下層民は自分が宗教の上でのけ者にされていることに気づく。」(三七ページ)彼らは選ばれた者のみからなるセクトを形成して分裂していく。これは宗教改革後の西ヨーロッパで生じたことだったが、北米でも繰り返されていくことになる。

†分裂する宗教集団

近代のプロテスタントの集団は、セクトがもつ先鋭な倫理性や社会理想を内にはらみつつも、つねに現世の権力支配や利害関係に妥協的な既成教会へと展開していく。そこで作用する大きな要因の一つは中産階級の宗教倫理だ。それは団結・共感・友愛よりも正直・勤勉・倹約などを強調する個人主義的なもので、個人としての成功を徳の表れとして評価する。逆に貧しい者は道徳的に劣ったものという評価を伴いがちだ。ウェーバーが注目したカルヴァン派では早くからこうした特徴が顕著だった。

宗教改革にはらまれていた開かれた兄弟愛の倫理性が後退していく、もう一つの要因はナショナリズムだ。イギリス国教会はもとより、ルター派やカルヴァン派も国家の枠内での連帯を重んじる国民教会へと展開するにつれて、カトリック教会に似て典礼を重んじる制度的教会の特徴を強めていく。また、国民相互の不信感を育てることにもなる。こうして「教会は、共通のキリスト教的理想を表現して世界各地の弟子たちの相互理解を育む代わりに相互の誤解を生む原因となり、相互不信と恐れの中で自己保全をはかることになったのである。」(一二六ページ)

アメリカ合衆国のキリスト教は以上のように分裂し、現世(世俗)になじんだヨーロッパのキリスト教を受け入れた上に、さらに分裂と現世(世俗)的価値への妥協を推し進めていく要因をもっていた。一つはフロンティアである。西へ西へと新たなフロンティアを求める精神はアメリカ文化の特徴を形作っていくが、そのフロンティアを求める人々の多くは「持たざる者」だった。だが、そこでは個人の自由がとくに重んじられた点にヨーロッパのセクトとの違いがある。

フロンティアではセクト的な特徴と個人主義とをあわせもつ新たなスタイルの信仰世界が形作られていく。体験主義、キャンプ・ミーティング、信徒説教、禁酒に代表される倫理的厳格主義などだ。バプティスト(一七世紀のイギリスで始められ、信仰に目ざめたものが洗礼を受けて小集団を形成することを重視する教派)、メソディスト(一八世紀のイギリスで始められ、身体的な体験を通して自らが変化することを重視する教派)、キャンベル主義(一九世紀のアメリカで始められ、信仰のみによる結合を尊ぶ教派、ディサイプル派、キリストの教会)が代表するこうしたキリスト教のあり方は、中産階級化しつつもつねに回心(信仰による再生）と信仰復興を求める傾向を助長する。ニーバーは本書執筆当時、初めて注目されるようになっていたファンダメンタリズムを、こうした傾向の表れとして捉えている。

また、アメリカのキリスト教は人種やエスニシティによる分裂を助長することはあっても、それを克服するという点ではめざましい成果をあげられなかった。最初の黒人教会は、一七八七年にフィラデルフィアでリチャード・アレンのリーダーシップで形成されたものだが、これは黒人が教会で祈る場所が適切ではないとして、白人が乱暴な扱いをしたことがきっかけだった。アレンは「それで我々は皆、自分から教会を出た。彼らはもう、教会で我々に煩わされることはなくなったのである」と述べているという（二三四―五ページ）。

ニーバーはキリスト教が掲げる友愛倫理が、現代の社会倫理の基礎となりうるものだと信じていた。「福音的キリスト教の目標は、人に自分が父なる神の子であり得るということと、互いが兄弟であり得るということを啓示することである。その啓示は教義によってではなく生、とりわけキリストの生によって形成されるのである。（中略）この信仰が人の前に示した至高善は、愛における永遠なる調和以外の何ものでもない。（中略）このようなキリストのキリスト教・福音のキリスト教を宣するために教会がしなければならないことは、この世での分裂を超越することである。」（二五一―二ページ）

八〇年後に生きる私たちにとって、宗教集団の分裂の重みはニーバーの念頭にあったプロテスタントという同一伝統内の分裂の重みを大きく超えている。だが、分裂の重みのなかにこそ、「生の形」としての宗教の歴史を問うという課題は変わらない。慈悲友愛を説く諸宗教が自らの唱える理想を宿命的に裏切って陥ってきた分裂・排除の困難を見すえ、実践可能な対処の方法を見いだしていくために、ニーバーの教団論やその後の宗教社会学の成果を引き継ぎ、比較の展望を広げてさらに深く考察していく必要があるだろう。

レーナルト『ド・カモ』（原著刊行年　一九四七）
――神話的な生の形

モーリス・レーナルト（一八七八―一九五四）はフランス人のプロテスタント宣教師としてメラネシアに滞在した後、民族学者に転じた。本書は非文字社会の宗教文化の内在的理解の名著。その意義は文化研究方法論、哲学的人間論など諸分野に及ぶ。

†分析的説明の限界

モーリス・レーナルトは地理学者であり神学者であった父の影響を受け、神学と医学を修めたあと、一九〇二年に福音宣教協会の牧師としてメラネシア南部のニューカレドニア島に赴いた。その地で二五年にわたってキリスト教の宣教に携わるが、植民地の悲惨な状況を目の当たりにし、むしろ現地住民（現地語に基づき「カナク人」とよばれる）の生のあり方から学んで自らも変わっていくべきことを自覚するようになる。

キリスト教の海外宣教に失望する一方、デュルケム派の社会学者・民族学者であるマルセル・モースや哲学者のリュシアン・レヴィ＝ブリュルの未開文化研究に触発されたレーナルトは、一九二六年に帰国し民族学者として再出発する。三〇年代以降、モースを引き継いで高等研究院の民族誌学と未開諸宗教史（当時の宗教学の中心領域）の講座を担当した。

晩年の作品である本書は、深い実存的洞察と、他者性を踏まえた原住民文化理解において卓越しており、哲学者のエマニュエル・レヴィナス、ポール・リクール、文化理論家のジェイムズ・クリフォードら慧眼の学者に注目されてきた。しかし、宗教論の著作として読み込み宗教学史上に位置づけることで、本書の意義はもっと理解しやすくなるはずだ。

レーナルトは本書の冒頭で、この書がレヴィ＝ブリュルの「未開心性」研究を革新しようとするものであるとともに、「われわれ自身も、現代的であるのと同じくらいに原始的なのだ」とするオランダの宗教学者、ファン・デア・レーウの洞察に従うものだと述べている。

レヴィ＝ブリュルに至るこれまでの「分析的説明は実際の経験とどこかでずれている。」それらは「未開人をわれわれから遠ざけ、分類し、「神秘的」とか「前論理的」とか「呪術的」とかいった括弧のなかに入れて孤立させ、引き離してしまう」。だが、「ともに生活し、同じ言葉で語りかけてみると、未開人といってもわれわれからそれほど遠く隔たっているとは感じられないから」だという（一〇ページ）。

ふつう人は他者に接するとき、「分析によって他者との接触を確立するのではなく、たとえば体つきとか、ちょっとした象徴的な物などのように、それ自体としてまとまりをもちつつ、そのひととなりの本当の姿を思いおこさせるものをとおして、他者をまるごと把握するもの」だ。「ところが未開人というこの隣人に対して、知性の諸カテゴリーだけに頼って迫ろうとすると、本当のその人らしさはどこかに逃げていってしまう。」（一〇—一一ページ）

レーナルトは外から分析枠を持ち込んで裁断する方法に対して、「カナク人はどのように世界を理解し、どのように世界のなかで自らを認め、行動し、固有性を発揮し」てきたのか、そしてやがてどのようにして伝統的思考から「決定的に身を引き離すことになったのか」を問う。レヴィ＝ブリュルはそれを「未開心性」や「融即」(participation) という分析概念で示そうとした。それに対してレーナルトは「神話的な生の形」を示すのだという。この場合の「神話的」というのは、神や先祖の霊が登場する物語の形式で語られる世界を信じているということではない。むしろ、人間と世界とが相互浸透するような生の形を指しており、「融即」という語が指すものと関連が深い。

†身体はどこで区切られるか

「融即」というのはレヴィ＝ブリュル独自の用語で、人間が自己に関わるものと外界の諸存在とを同一視してしまう態度をいう。たとえば自らのトーテムがとかげだとすると、「私たちはとかげだ」という。とかげやとかげを象徴する事物に一体化して、それが痛められたり汚されたりすると耐え難い苦痛を感じる。外界と人間とが浸透しあっているのだが、この事態をレーナルトは「宇宙形態論的《コスモモルフィック》」という語で示そうとする。カナク人には三次元空間のなかで客観化され、身体の外枠で限られた個としての人間という概念がなかった。だから、自然の諸存在が人間のような心をもつとする「人間形態論《アンスロポモルフィック》」の思考なのではない。

実際、メラネシア人の方が樹木を見出すのではなく、樹木の方が彼らに対して姿を現わすのだということを想像してみなければならない。どんな認識の始まりにおいても、対象にそういうことが起こる。人間が自然に包まれて生活し、未だに自然から自分を分化していない場合、彼らは自然のなかに自らを押し広げていくのではなくて、反対に自然によって浸され、それをとおして自らを知るのである。(中略)彼らは世界から自己自身を区別することなど思いつきもせずに、世界のひとつひとつの表象に世界全体を包括して認識するのである。いってみれば、これは「宇宙形態論的」とでもいうべき見方である。(四二ページ)

カナク人は人間のことを「カモ」というが、これは外見が人間の形をしているというより、その「形」において人間らしい生きた雰囲気をもっている存在を指す。だから、子供たちは家畜をときどき「カモ」として遇する。物語のなかで主人公の「人物」が魚であったり、鳥であったり、死者であったりすることに頓着しないのもそのためだ。たとえばヤムイモと人は同じ実質をもつと考えられている。

今でこそ人々は大変に開けてきてヤムイモに関する礼儀もずいぶん廃れてしまったが、それでもなお子供の抱き上げ方をみて女の心遣いのこまやかさを判断するのと同じように、ヤムイモを手に取るときのやり方を見て、その人物の品格や如才なさを判断するのである。(一一〇ページ)

神にあたる語は「バオ」だが、死者はたいていバオと見なされるし、老人もバオと見なされることがある。レーナルトがキリスト教の葬儀をしていたとき、カナク人が死体をもって来させようとして「バオを連れてこい」といったので、レーナルトは驚いてしまった。

ここには神があるのではなく、肉体的な支えや魂の去った脱けがらがあるのでもない。屍と神のあいだには少しも隔たりがなく、両者の観念は重なり合っている。バオはその全部なのである。（五九ページ）

死は虚無に帰すことではない。人としての役目を離れ、別の形の在り方に転ずることだ。「辱めを受けた妻は、非肉体的な生の領域に入って自由自在にどこにでも姿を現わす能力を手に入れるために自殺する」。（七一ページ）「彼らにとって自殺とは、生者の地位からバオの地位への、転送の一様式」だ。（七三ページ）

植民地化で様相は変わった。苦しい地位に追い込まれたとき、バオの領域に身を移さなくても、白人の社会に身を移せばよくなった。そこで力を得て、かつての仇を返す道が開けた。今では自殺をしなくても復讐できる。だが、それは集団の解体と自信の喪失という代償を払ってのことだ。

†神話と人格

カナク人の世界観に「人格」(personne, persona) の概念は欠けていた。個人は神話的な表象が支えるさまざまな関係（そこで人は「人物」(personage) としての在り方に従う）の束があわさる中空部分のようなものだった。だが、やがて人格が意識されるようになる。「たとえばモアハの娘は、両親が認めた結婚相手をすべて拒否して遠くへ旅立ち、コネの酋長を口説き落として結婚した」。「彼女は自主性をもったのである。彼女は、特定の部族の若い娘という人物《ペルソナージュ》が従わなければならない伝統に順応することを望まなかった。」このように「人格《ペルソナ》と人物《ペルソナージュ》の葛藤」する場、神話的思惟と人格が葛藤するのが「人間的リアリティー」の場だ。そのような場において「人格は解放される」が、しかし「人格的な様々な出来事を了解するためには、精神は神話の支えを必要とする」（二七七―九ページ）。

植民地化の過程では人格が生成するに至らず、単独で非社会的な個人に至るという「人格の解体」がしばしば起こった。だが、神話的思惟が適切に保持されるとき、「人格にとって有益な融即関係」は個別化されずに残る。「これは交感的《コミュニエル》なかかわり、すなわち人格《ペルソナ》から人格《ペルソナ》への融即を維持する人格的なかかわりと定義できる。そしてこれこそ正しい意味で人間的リアリティーなのである」。（二九一ページ）

本書の結末部分で、レーナルトは西洋現代文明に問いかけている。「神話的支えは人格にとってなくてはならないものである。それによって立つことで、人格は認識様式である神話や合理性を用いつつ自らを展開させ、カナク人が自らをド・カモ「本当の人格」というときの、あの横溢を享受するのである。」

なおも保持されているメラネシアの最終的な「神話的な生の形」においては、「神話と人格がきわめて深い関係にあるので、両者が互いに支え合い、互いを生み出し合い、強化し合い、互いに説明し合い、その正しさを証明し合っている。」これを受けて最後の一文が記されている。「だがこの最終的な形は、果たしてメラネシア世界だけのものだろうか。」(三三八ページ)

エリクソン『幼児期と社会』（原著刊行年　一九五〇）
――母子関係と自立の試練

エリク・エリクソン（一九〇二―九四）は宗教や芸術に深い関心を寄せた精神分析家。オーストリアで児童心理の専門家となり、一九三三年にアメリカに渡り、老年期にまで至るライフサイクルの理論、宗教的人物の研究で新たな地平を切り開いた。

†フロイトを超えて

エリクソンは宗教的人物を取り上げた「心理歴史研究（サイコヒストリー）」の二つの名著、『青年ルター』（一九五八年）と『ガンディーの真理』（一九六九年）の著者である。心理歴史研究という独自の研究方法を開拓したエリクソンが、宗教に重きを置いたのは偶然ではない。

宗教を理解するとき、個人の心理的次元・体験的次元を無視したのでは、宗教の上っ面をなでたようなことになりかねない。他方、個人的な心理や体験も歴史的文脈のなかで捉え返さなくては、その個性が明らかにならない。宗教者はときに諸階層を横断して人々に影響を及ぼす。一人一人の心の奥底にうったえかけつつ、その時代の社会全体の精神史的課題に応え、新しい時代精神を呼び寄せてしまうようなこともある。個人の心理の解明にとっても宗教史・思想史の解明にとっても、心理歴史研究は狭い専門性を超えて核心的な問いに迫る可能性を切り開く。

心理歴史研究はフロイトの精神分析理論の是正を目指したものだ。フロイトはある時代、ある社会の心理的葛藤を、そのローカル性を十分に相対化せずに普遍的な理論モデルで解明しようとした。デンマーク人の両親の子としてドイツに生まれ、ユダヤ人の養父に育てられ、芸術家志望の若者としてヨーロッパ各地を移り歩き、精神分析家となってアメリカに移住したエリクソンにとっては、文化の多様性にどう向き合うかが大きな課題だった。

文化と時代の相対性を自覚し、現代人の自己理解のニーズに応える新たな精神分析方法論を築くことをエリクソンは志した。それはまた、新たな心理学理論を携えて、二〇世紀世界のジレンマに立ち向かう、マクロ宗教史や比較文明論の構築を目指すものともなった。『青年ルター』ではルターのアイデンティティの危機を主題としながら、プロテスタンティズムの成立という西洋精神史の一大転換点の意味を問い直した。また、『ガンディーの真理』ではヒンドゥー教の伝統を踏まえつつ、老年期に焦点をあてながらガンディーが創造した非暴力主義が現代世界の政治的倫理的課題にどこまで応えうるものなのかという問いを追究している。

しかし、『青年ルター』や『ガンディーの真理』で展開される心理歴史研究の方法論は、エリクソンの精神分析理論の他の新たな諸論点とともに、すでに一九五〇年の『幼児期と社会』で基礎づけられている。

†乳児期のしつけと宗教的世界観

一九三〇年代の後半から四〇年代の前半にかけて、エリクソンは合衆国中西部のスー族とカリフォルニアのユーロク族という二つの先住民部族社会に親しく接し、子育てと幼児心理の研究を行った。スー族は人為的な離乳をほとんど行わない。これは「物惜しみしないこと」が高く評価されることと関わりがある。子供たちはかなり遅くまで母親の乳房を求めてもよいのだが、そのかわり自ら母親の乳房を嚙まないことを学ばなくてはならない。嚙みたい欲求とそれを抑えようとする気持ちの激しい葛藤が、狩猟民であるこの部族の荒々しい活力と関わりがあるとエリクソンは論ずる。

かつてバッファローを追っていたスー族のもっとも重要な宗教儀礼は「サンダンス」だが、そのクライマックスは男たちの苦行だ。「太陽の柱」に結びつけた革紐の先の串を胸や背中の筋肉に刺し通す。「そして、太陽をまっすぐに見つめ、踊りながらゆっくりと後ずさりし、ついに胸の肉を裂きちぎって、わが身を解き放す。このようにして彼らはその年の精神的な勇者《エリート》となり、その苦しみによって、太陽と「野牛の霊」――多産と豊饒の供給者――の恵みが引きつづき与えられる」ように願う。これこそ「罪悪感を贖い、宇宙の寛大さを引きつづき確保するために」祈るスー族の流儀だ（1、一八三ページ）。

一方、当時もなおお豊かなクラマス河の閉ざされた流域で、河を塞ぐ堰を築いて大量の鮭を得ているユーロク族の場合、離乳は早い。母との一体感から早く離れるように強いられるが、この断念に由来する母親への根深い郷愁は、この部族の文化のさまざまな側面に色濃く反映している。「ユーロク族の立派な男の特色は、この目に見える世界の彼方に住み、人間に食物をお与え下さる神の心を動かすために祈りを捧げるときの、その泣き方の上手なことである。涙声で「鮭が見えます」というような言葉を、自分が描いたその幻影に確信をもって言うのであるが、その言葉が鮭を彼の方に引寄せてくれると信じている。」（1、二二二ページ）

乳児期のしつけと社会の生産様式と宗教的世界観は対応関係にある。おっぱいを吸うこととそこから引き離されることは、個人のライフサイクルの最初の段階で訪れる試練だ。子供が発達の最初期に母親のもとで十分にくつろぐことができ、かつ乳房をかんで母親に拒絶されることによる困難をうまく克服できれば、子供は世界に対する「基本的信頼」の態度を達成できる。反対にこれに失敗すれば、根深い「不信」の態度がいすわることになる。

人類史の早い段階から、宗教はライフサイクルのこの段階の経験を制度化する。神や供給者に対して子供のように素直な態度で畏れ従うことは、最初期の母との一体感とともに養われる基本的信頼の態度の反映だ。また、神や供給者の怒りを宥めるために罪を償おうとする態度は、乳房を失う離乳期の「不信」を克服し良き宇宙の力への信頼を回復しようとする試みだとエリクソンはとらえる。

やがて農耕民はこの対立項を組織的に発展させ、原罪の意識を育てるようになる。

遊牧生活から農耕生活への移行は、土地の一部を強奪し、それらを分割することを意味した。威圧的な道具を用いて土壌を冒瀆することであり、大地を服従させ、無理やりに食糧を供給させることであった。この技術的進歩にどのような内的進化が付随したにしても、それは(神話や儀式が証明しているように)あの原罪と結びつけられたのである。(2、一四五ページ)

これは個人の幼年期に「噛んだり、つかんだりする器官」が発達し、「母親を支配したいという激しい願望をはじめて意識することに始まるあの原罪に結びつく」。（同前）

†近代化とプロテスタント的なメンタリティ

近代化を始めようとする社会はこのような原罪の屈従的な神話世界から脱して、新しい「抗議する（プロテスタント）個人」のアイデンティティ（同一性）を獲得していかなくてはならない。エリクソンは『青年ルター』でこの主題を追求するが、すでに『幼児期と社会』でも、ゴーリキーの自伝的回顧に基づく映画作品の分析を通してこの問題に迫っている（第十章「マキシム・ゴーリキーの青年時代の伝説」）。

ロシアの大地と同様、郷愁をもって表象されるのは主人公アリョーシャの祖母だ。

この女は与えるということ以外には、何の掟も知らないかのようである。自らのうちにある忍耐力を全面的に信頼すること以外には、何の主義ももたないかのようである。この点において、彼女は明らかに民衆の原始的信頼と、彼らの生き残り、粘り抜く能力を象徴している。と同時に、結局は彼らを奴隷にしてしまうものに忍従する彼らの弱さをも象徴しているのである。（2、一三〇ページ）

ロシア的キリスト教の背後にある原始農村共同体のアニミズム的世界を受け継ぐこの祖母の世界を、アリョーシャは何ほどか受け入れている。だが、彼は罪の意識のしこりを残さずにこの祖母の世界から去っていかなくてはならない。それはまた屈従しながら家庭の暴君となる祖父と、祖父が同一化しつつ屈従する暴君的支配者に「抗議する」アイデンティティ（同一性）を獲得していくことである。実際上、それは共産主義に帰結するのだが、エリクソンはそれを「東方のプロテスタント」とよんでいる。

エリクソンは東西冷戦の背後にこの「プロテスタント」的なメンタリティの競合を見ていた。そして、「恐らく未来は（中略）ヨーロッパ、アジア、アフリカ諸大陸における古い農耕時代の道徳の不毛の迷信から解放された心理的エネルギーを利用することのできる人々の手に握られることになるだろう」（2、一七八ページ）と未来を展望している。

アリョーシャたちは、自由を与えられることを欲しない。（中略）彼らは統一とともに、自律を要求する。勤勉の果実とともに、同一性を要求する。アリョーシャたちに――長期的視野から見れば――彼らのプロテスタンティズムはわれわれのものであり、われわれのプロテスタンティズムは彼らのものであることを納得させることに、

われわれは成功しなければならない。（2、一七八―九ページ）

宗教的な精神という基盤に目をこらしつつ、現代の世界の精神的分裂を癒し、和解に近づこうとする方向性はどこにあるかを問う。これがこの書物でのエリクソンの問題意識だった。

その後も、彼は現代のアクチュアルな思想課題に取り組み続けた。子育ての年代の成人のライフサイクル段階で身につけるべき「世代継承性《ジェネラティヴィティ》」（生み育てる力）や、ライフサイクルの最後の段階、死を迎えようとする老年期の「知恵」は、どのように形を変えようとしているのだろうか。「プロテスタント」的な方向性をさらに超えるような時代精神はどこにあるか、そこで過去の宗教性がどう受け継がれているか――このような問題についても、エリクソンの著作から学べることは少なくない。

ショーレム『ユダヤ神秘主義』（原著刊行年 一九四一、五七）
——神話的経験の再活性化

ゲルショム・ショーレム（一八九七—一九八二）は一九二三年にドイツからイスラエルに移住したユダヤ学者。二千年にわたるユダヤ神秘主義、とりわけカバラーの思想運動史を掘り起こし、現代人の省察と自己理解の源泉としての宗教史を示した。

†カバラーの伝統

近代世界で活躍した企業家や知識人や芸術家が多いユダヤ人だが、神との交わりの体験を尊ぶ敬虔な信仰に生きる人々も少なくない。中世から近代にかけてユダヤ神秘主義が民衆運動に支えられて発展した。一七世紀の地中海世界で頂点を迎えるカバラー神秘主義と一九世紀の東欧で栄えたハシディズムだ。ブーバーが傾倒したのはハシディズム（後述）だが、少し後の世代のショーレムはカバラーの伝統を重視した。

カバラーとは「受け継がれた伝承」を意味する。離散の境遇（ディアスポラ）にあるユダヤ人の中に神についての隠された知識を学び伝えていくグループが形成された。彼らは神が世界に自己流出してこの世が作られたという。この世に内在する神の諸要素の働きについて学ぶことが神の秘義へと参入していくことだとカバリストたちは信じる。

一三世紀に始まるカバラー神秘主義は、一六世紀にメシア（救世主）の到来を待望する民衆運動に結びつく。この運動が解体した後からふり返ると、人々が奇怪な思想に熱中したことが不思議に思える。オカルト好きのマニアの世界で尊ばれはしても、まっとうな市民生活からほど遠い世界ではないか。二〇世紀の教養人はそう感じていた。ショーレムの『ユダヤ神秘主義』はそんな先入観を打ち破ってユダヤ人の精神史の再考を促すものだ。

西洋が近代化を進め国民国家を形作るのに先立つ時期、宗教運動は各地で活発化し、ときに大きな政治的意義をもった。一六世紀、宗教改革の運動に呼応してドイツではメシアニズム（キリストの再臨）を掲げる民衆運動（ドイツ農民戦争）が、一七世紀のイギリスではピューリタンによる市民革命が起こり、社会構成も人々の意識も激変した。一七世紀のアメリカの植民地は理想世界を求めるさまざまな宗教集団が夢を託す場となった。

同じ時期、ディアスポラのユダヤ民衆が、ユダヤ教を核として地域を越えて結集し、救済のビジョンを分かち合う閃光のような運動が燃え上がった。ヨーロッパ、北アフリカ、西アジアの離散ユダヤ人の間にメシアニズムの熱狂が広がる。一六六六年、自らをメシアと信じるトルコのサバタイ・ツヴィが、パレスチナのガザでカバラーに通じたナータンと出会い意気投合したことから、メシアの到来を信じるサバタイ主義の旋風が巻き起こる。カバラーの伝統に根ざした民族救済信仰の下、パレスチナへの帰還運動が始まった。だが、やがてツヴィはオスマン帝国のスルタンに捕らえられ、イスラームに改宗してしまう。

以後もカバラーの伝統は形を変えて続いていくが、世界観の深さも、民衆生活との生き生きとした接触も次第に失われていく。秘教的な思想はこの世を見捨てるニヒリズムと境を接しつつ生き延びるものの、民衆を巻き込んだ運動は衰弱する。かわって一八世紀の東欧に異なる形態の神秘主義、ハシディズムが発生するが、それは複雑な秘教的知識を展開するものではなく、敬虔な民衆の神への奉仕の理念に力点があるものだ。

サバタイ主義の運動はカバラーの伝統の終熄を告げ、ユダヤ人社会が近代に向かう転換点に位置する宗教運動だったとショーレムは見る。ユダヤ教の伝統が民衆を巻き込み、熱い民族共同体のビジョンを分け持つ輝きの時があり、それはカバラーの伝統を核としていた。合理主義的な近代ユダヤ教神学がまったく無視しようとするこのカバラーの伝統にこそ、古代から中世にかけてのユダヤ精神の生命力は宿っていたのではなかったか。

†ユダヤ神秘主義の発展

ショーレムはユダヤ神秘主義の伝統をキリスト教の発生の前後まで遡る。初期の神秘主義文献は天空の神の宮殿や玉座のビジョンを語るもので、メルカーバー（神の御召車）神秘主義と総称される。メルカーバーのビジョンを通して隠れた神に近づこうとするものだが、グノーシス主義の影響を受けていると言われる。

グノーシス主義とは光あふれる超越界と闇に閉ざされ堕落したこの世との、遠い隔たりを強く意識する神秘思想である。この世から抜け出すための秘密の知（グノーシス）を探り求めるさまざまな文献が遺されており、中にはユダヤ教やキリスト教と混じり合ったものもある。超越界の記憶をかろうじて保持する魂が汚れたこの世を厭い、遠い天空の彼方の魂の故郷への帰還を目指すものだ。

ユダヤ教とキリスト教の神秘主義は、ともに一神教の伝統に由来する。だがキリスト教とは異なり、ユダヤ教では神と人との媒介者（キリスト）の像がなく、「神秘的合一」というモチーフは欠けている。ある段階までのユダヤ神秘主義では、特権的な人、特権的な時以外、神は遠いままだ。だが、中世ドイツの敬虔主義においては、被造物のなかに宿る神のビジョンが出現する。やや遅れて神の遍在という思想を体系化し、中世ユダヤ教の一大潮流を作ったのが、カバラーの神秘主義だ。

一三世紀の後半に『ゾーハル』というテクストが生み出された。そこでは遠い隠れた神の無の場所として、光の世界、「エン・ソーフ」が想定される。ここからさまざまな特性をもった一〇の「セフィロート」（世界要素）が展開する。最後のセフィロートは神の「王国」とよばれ、事実上イスラエル共同体を意味し、「シェキーナー」ともよばれる。

示顕の最も隠れた状態にあって、まさにみずからをいわば創造活動へと突き動かしている神、そのような神は「彼」と呼ばれる。次いで神が、その本質と恩寵と愛を全面的に展開し、われわれの心の沈潜に届きうるものとなり、したがって心が語りかけることもできるようになるとき、「汝」と呼ばれる。だが、神が最も外部に示顕して、神の本質が全的に、今一度最後の普遍的な属性においてはたらくとき、「我」と呼ばれる。それは、神が人格として自己自身に向かって「我」と言う、現実の個性化の段階である。神のこの「我」は神智学派のカバリストによれば――しかもそれは彼らの最も重要な最も深い教義のひとつなのだが――あらゆる創造における神の現在と内在を意味するシェキーナーである。このシェキーナーはまた、人間が自己自身の自我を最も深く認識するときに神つまり神的我と最も早く出会う地点である。（二八四―五ぺ

ージ）

とりわけシュキーナーにおいて、神は世界に内在するものとなる。ショーレムはこの種の観念こそ「深い宗教的要求に適うもの」であり、神秘家たちが「外見上の貴族主義的傾向にもかかわらず一般大衆の生きいきとした民衆的宗教性の真のイデオローグ」であったことを示すものだという（三〇一ページ）。

カバラーの伝統が新たな民衆運動へと発展する媒介となったのは、一四九二年のレコンキスタ（イスラーム統治下からのキリスト教徒による再征服）完了だ。スペインから追放され、改宗を迫られたユダヤ人はマラーノとよばれるが、実は近代のユダヤ人は多かれ少なかれマラーノ的な境遇を余儀なくされるようになったとも言える。この危機的状況にさらされたユダヤ人の中でカバラ思想の新展開が起こる。

それは一六世紀にパレスチナにいたカバリスト、イサアク・ルーリアによるもので、神が自己の内部へと隠れていく「ツィムツーム」（収縮）という観念が鍵となる。隠れた神の断片は世界に展開しており、やがて原初的な全体性の回復の運動、「ティックーン」（修復、救済）を引き起こすと信じられる。このルーリア派のカバラーこそ、メシア主義と結びつきサバタイ主義運動を準備するものとなったものである。

†悪への問い

ユダヤ神秘主義史を語りながらショーレムは随所で神秘主義について、また、宗教と民衆との関わりについて重要な洞察を述べている。神秘主義は個人の体験を重んじるものだが、宗教史の文脈から抽象化して神秘主義一般を考えてしまうのは誤りだ。神秘主義は神話を突き破って生じた伝統において、時を経て神話的経験が再受容される形態の一つだ。

確かに「ユダヤの一神教は神話との関係を決定的に断ち切った宗教の古典的な実例」だ。だが、カバラーの伝統はそこに「神話意識のぶりかえし」「ルネサンス」をもたらした。ゾーハルとルーリアのカバラーが「数世紀にわたって生きた民衆感情」をとらえてきたのはそのためだ。ユダヤ哲学の伝統にはけっしてなしとげられなかったことだ。

では、「ユダヤ神秘主義がこのようにユダヤ民衆のなかで途方もない成功をかちえた秘密はいったいなんだろう」(三五ページ)、とショーレムは問いかける。答えは「悪」だ。この世の「悪」をどう理解するかは哲学者とカバリストを区別する試金石になる。

悪のリアリティと、すべての生きとし生けるものにつきまとう暗い恐怖とにたいする感覚こそ、彼ら「カバリスト」の性格をつくりだす。彼らは哲学者のようにある定式によって悪をかわそうとはしない。彼らは悪の深淵にみずからおりて行こうとし、そのことによって彼らの努力は民衆信仰――人は迷信というかもしれないが――の関心と、中心の一点で相むすばれ、さらにこうしたさまざまな不安の表現となっているユダヤの生活の具体的なあらゆる形象とも結びあうのである。(五二ページ)

ショーレム自身、ユダヤ民衆と運命をともにしたいと願い、パレスチナに帰還し、ヘブライ大学の創設に、そしてイスラエルの建国に立ち会った。シオニスト(パレスチナにユダヤ人国家建設を目指す人々)としての情熱とカバラー研究者としての情熱は重なり合っていた。そしてたぶん後には、サバタイ主義者の失望にも深く共感していたことだろう。

井筒俊彦『コーランを読む』（原著刊行年 一九八三）
――言語表現からの実存解釈

井筒俊彦（一九一四―九三）は諸古典語を読みこなし、イスラーム研究、宗教哲学研究、神秘思想研究の分野で世界的な水準で傑出した碩学だった。その井筒の珠玉の諸作品のなかから読みやすい「宗教学の名著」を選ぶとすればこの書となろう。

†発話状況と根源的世界了解

著者は特定の学問分野を超えて人文学の偉大な先達と見なされている。イスラーム学、古典学、ユーラシア思想史、比較神秘主義論等々。だが、もしかすると二〇世紀を代表する宗教学者の一人と位置づけるのがもっとも適切なのではないか。そのような視点からの本格的な井筒論はこれから書かれると思うが、その際、一見しろうと向けの片手間仕事にも見える『コーランを読む』はきわめて重い位置を与えられるだろう。

岩波セミナーとして一般市民に向けてわかりやすく語られた講義をもとにした本書だが、

その奥深い学識と自由自在な思考の展開の味わいはけっして薄められてはいない。イスラームとは何かについて多くを教えてくれるとともに、どのように聖典を読み解けばよいのかという問いにも、達意の語り文体で見事に答えてくれている。

いつしか読者は、自らムスリムと対話し、アラビア語の聖典を眼前にしているかのような錯覚を覚えるだろう。ひいては預言者ムハンマドの啓示体験の場に立ち会っているかのようにさえ感じるかもしれない。だが、同時にそのように聖典と向き合っている自分はどこにいるのか、どのような場所からムハンマドに向き合おうとしているのかを問うている自分を見出すだろう。

それこそまさに著者の意図するところだったとも言える。著者はまず聖典読解に伴う困難を、エクリチュール（書かれた言語）に接することの問題性という言語論的、あるいは解釈学的基礎から解き明かしていく。エクリチュールは話し言葉がやりとりされる人間関係の文脈から言葉を引き離してしまう。もとの発話状況から「疎隔」されて自立的な地位を得たエクリチュールはある種の自由を獲得する。読者は自らの関心に即してさまざまに「創造的解釈」を加えることができる。現在のムスリムの多くは、歴史的に積み上げられてきた「創造的解釈」の蓄積を通してコーランに接している。

今回のこのセミナーでは、私は『コーラン』解釈を、いま申しました創造的解釈とは逆の方向に進めてみたいと考えています。つまり、エクリチュールとして与えられている『コーラン』のテクストを、もとの状況《シチュエーション》まで引き戻して、神が預言者に親しく語りかけるという具体的な発話行為《パロール》の状況において、『コーラン』のコトバをまず理解する。そして、そのような原初的テクストの了解の上で、さらにもう一歩進んでその奥にあるものを探ってみたい。神（A）が語り、ムハンマド（B）がそれを了解する、その第一次的言語コミュニケーションの底に伏在し、それを下から支えている根源的世界了解、存在感覚、気分的世界像、とでも呼ぶべきものを探り出してみようというのです。（四六ページ）

†コーランのレトリック分析

そのための道具立てとして、井筒は「『コーラン』のレトリック的構成」という枠組みを提示する。具体的にはコーランの言語の層を、「レアリスティック」「イマジナル」「ナラティブ」の三つの表現レベル（スタイル）に分けて読み分けていくということだ。レアリスティックなスタイルとは「社会的な、ないし個人的な事実、事態、事件、などを描写し、叙述する文体」、つまりは「陳述形式」の言語用法だ（一九四―五ページ）。バドルの合戦、ウフドの合戦についての歴史的出来事の叙述、あるいは婚姻や遺産相続などについての法的規定などが代表的なものだ。ここでは醒めた客観的意識での言語使用が映し出されている。

これに対して、イマジナルな表現レベルは初期の啓示に顕著に見られるもので、巫者的な意識を反映している。「カーヒン」とよばれるアラブの巫者の語りは「サジュウ調」という文体で表現され、コーラン全編にわたってその影響が見られるが、第一一三章「黎明」の次の一節はとくにその特徴がよく現れている。

言え、「お縋り申す、黎明の主に、／その創り給える悪を逃れて、／深々と更《ふけ》わたる夜の闇の悪を逃れて。／結び目に息吹きかける老婆らの悪を逃れて、／妬み男の妬み心の悪を逃れて。」（二六二―三ページ）

井筒はアラビア語原文を引いてこの一節を解説していく。カーヒンはハスキーな低音のささやき声で、太鼓でリズムを打ち付けていくように、奇怪なイマージュをつぎからつぎへと泉のようにわき出させてくる。この一節はそうした言葉を写し出している。意味においては神の暗さが際だつ。コーランの神には「明かるい愛に満ちた」「ジャマール」的な側面、「憎しみ、恐怖、怒り、嫉妬に満ちた暗い」「ジャラール」的な側面とがある。「神はそのジャラール的な側面において、存在の暗黒を創造する。悪鬼がうごめいているような闇の世界。悪鬼うごめく闇の世界から逃がれて、私は黎明の主にお縋りします、ということです。」(二六六ページ)

天国と地獄の描写はまずはこのイマジナルなレベルで語られるのだが、「そのうちに、だんだん熱がさめてくると、今度は意識にぶつかってきた一つ一つの強烈なイマージュが、内容的にふくれてひとつの物語に発展してくる。」それだけのゆとりができてくる。そうすると「たちまちアラブ独特のユーモアが顔を出す。」(二二三ページ)これが、第三のナラティブの表現レベルとなる。たとえば、天国に入ったばかりでとまどっている人々が描かれている次のような場面だ。(( )内は井筒の解説。)

「まあ、みなさん、ちょっと見下ろしてごらんなされ」と言う。見下ろせば、や、見える見える、あの男(復活と最後の審判を信じなかった例の友だち)が地獄の真中にいる(天国から、みんなが額に手をかざしてその男を眺めているところが目に見えるようですね)。(二一九ページ)

次のように間が抜けたことを言い出す人もいるが、たいへん明るいユーモアだ。

「ほんに、我ら（天国に入った者）は、死ぬといえば、この前（現世で）死んで、それ以上死というものはなく、もう罰を受ける心配もないのでしょうか。」（二一九―二〇ページ）

ほっとして心がゆるんでいる喜びが表現されている。自分で自分の頬をつねってみるというところだろうか。その続きは以下のようになる。

「もしそうだとすれば（つまり、天国の生は永遠であって、死はなく、従ってまた再度審判される心配もないとすれば）これは大した儲けもの。何か仕事するからには、こういうことを目指してすべきです。」（なんて教訓めいたことまで言っている）。（同前）

†「存在の夜の闇」

このように井筒は、当時のアラビアの民衆生活の言語表現に遡りつつ、コーランの言語表現を解きほぐしている。だが、こうした解析を通して、井筒が最終的に解き明かしたいと考えているコーランの「根源的世界了解、存在感覚、気分的世界像」に迫るには、終末の時と関わる「実存的恐怖」の表現に目を止めなくてはならない。たった一人で審判を迎えるという意識は当時の人々にとって革命的な次元を切り開いたのだ。たとえば、イマジナルな表現レベルで語られるコーラン第七〇章第八―一六節だ。

大空は溶けてどろどろの銅のごとく、山々は色とりどりに(風に吹き散る)羊毛のごとくなる日。もはや親しい友も友の安否を問いはすまい、たとい顔つきあわせて眺め合ったとて。罪を犯した者は、もしこの日の罰さえ免れることができるなら、己が息子、己が伴侶、己が兄弟、己れを庇ってくれた親戚縁者はおろか、地上の人間そっくりそのままでも差出しかねない気持であろう、それでもし自分が救われるものならば。(三三八ページ)

こうしたむき出しの孤独な自己の自覚とともにこそ、コーラン「開扉章」の鍵となる句「汝[神]にこそ我らは助けを求めまつる」の語が発せられる。井筒はこうした表現の背後にある精神的世界の性格を深くとらえるには、「底にひそんでいる世界感覚を了解する必要がある」という(三七四ページ)。

井筒はそれを「存在の夜の闇」という句で要約する。先に引用したコーラン第一一三章「黎明」の章はそれを表現する典型的なものだ。「文目《あやめ》もわかぬ暗い世界。混沌とした、呪術的なエネルギーに満ち満ちて、そういう危険なエネルギーが流れている世界のまっただなかに投げ込まれた人間」（四一四ページ）、その存在感覚からこそムハンマドの預言の言葉が成立してきた。これが本書の「結論」となる。

「結論」に同意するかどうかは別として、聖典を読みながらその核心的な表現に迫っていく方法、またその基礎となる言語力と奥深い学識には脱帽する他ない。

Ⅶ　ニヒリズムを超えて

他者の宗教の理解からさらに進んで、人類生活にとって宗教はどのような意義があったのか、現代人にとってどうか、私自身にとってどうかと、主体的な問いへと進めていくこともできる。主体的な問いから入って、納得できる答えを得るために他者の宗教を理解しようとする人もいる。むしろその方が多いかもしれない。

Ⅶ章では、「人類にとって宗教とは何か」という包括的な問いと「私にとって宗教とは何か」という主体的な問いとを結びつけつつ、大胆で野心的な宗教論を展開した論者を取り上げている。「大上段の議論はどうも」という人もいるだろう。だが、最初は特定の問いから入ったとしても、宗教学を学んでいくうちにいずれはこうした問いにも向き合うようになるものだ。

現代において、こうした問いはニヒリズムとの対決というモチベーションをはらまずにはいない。ここで取り上げる最初の四人はニヒリズムを強く意識しており、宗教を論じることで「ニヒリズムを超えて」いこうとした人たちだ。痛切に現代精神の病理を意識し、だからこそ大胆不敵にもあえて正面からの答えを出そうとしたと言えるだろう。

バフチンは「ニヒリズムを超えて」いくことを明晰に意識した思想家だが、実は宗教を主題として論じてはいない。しかし、バフチンは宗教を強く意識しており、私はその業績がもつ宗教論としての可能性を引き出すことに大いに意味があると考えた。三〇冊の掉尾にあげた所以である。

ヤスパース『哲学入門』（原著刊行年 一九五〇）
――実存・限界状況・軸の時代

カール・ヤスパース（一八八三―一九六九）は実存思想を体系化しようとした哲学者だが、実存と超越や救済信仰を不可分のものと捉えた。ニヒリズムを超える「哲学的信仰」を唱え、諸宗教を視野に入れ歴史哲学的な実存精神史論を構想した。

†哲学と宗教理論

宗教学の名著を厳選している本書に『哲学入門』（没後、『哲学とは何か』に再録）という書物が入るのは奇妙かもしれないが、これには訳がある。ヤスパースの哲学は実存哲学であり、ヤスパース流の「実存」においては「信仰」や「超越者」が重い位置を占めている。この哲学者は宗教に自らの思想の最終的拠り所を求めており、宗教哲学のみならず広く宗教学の基礎構築に貢献した学者、思想家と見なすことができるのだ。

彼はまず精神医学者となり、三〇歳足らずで『精神病理学総論』（一九一三年）を刊行した。その後、ハイデルベルク大学で心理学を教えるようになり、一九一九年に『世界観の心理学』を著した。この著書は題からも分かるように、世界観の比較研究という側面を持ち、宗教学に相通ずるところがある。そして、この内容が基礎となって主著『哲学』(一九三二年)に結実する実存思想体系が構築されていく。

『世界観の心理学』に取り組んでいた時期のヤスパースは、マックス・ウェーバーと親交を結んでいた。「世界宗教の経済倫理」に取り組む知の巨人、ウェーバーに彼は「隠れた哲学者」を見ていた。思想形成の重要な時期に深くウェーバーの学問と思想の影響を受けたことも、この哲学者の宗教学への貢献を理解する上で意義深い事柄である。

『哲学入門』は一九四九年にバーゼル放送局で行われたラジオ講演がもとになっており、学者、知識人だけではなく一般聴衆を対象としている。それだけにこの人の思想の主要な諸要素が分かりやすく示されている。ヤスパースの円熟期の語り口を偲ばせるもので、信仰に支えられて生きた哲学者の柔らかい部分が前面に出たものとなっている。

また、このように一般聴衆に向けて積極的に語りかけたこと自体、ヤスパースらしい。「単独者」の自覚を促し深みを失った大衆社会を批判し、「本来的」な生に立ち返ることを主張する実存思想は、キルケゴール以来、狷介な語り手が多い。だがヤスパースの場合、それは他者との「交わり」を通してこそ実現されるものであり、つねに責めを負い他者に応答し続けることにつながるものだった。

ユダヤ人の妻をもち、ナチス政権下長期にわたって教職を奪われ、敗戦後、ドイツ国民に向けて『戦争の罪を問う』(一九四六年)を著したヤスパースだが、その確かな社会倫理性も現代宗教学の先達にふさわしい。彼はまた、少年時から気管支と心臓に病気を抱え、死を意識せざるをえなかった。人間の弱さの自覚と平明な語り口の謙虚さも、この人の哲学と宗教理論に信頼感を与える要因となっている。

†実存

さて、ヤスパースにとって「実存」こそ本来の宗教の場所である。「神」や「存在」や「イデア界」の堅固なリアリティが失われたとき、むき出しの人間は「無」に向き合うことになる。カントからニーチェへと露わになっていったニヒリズムへの道だが、両者のほぼ中程の時代に生きたキルケゴールはそうした人間のあり方を「実存」とよんだ。ウェーバーに親しんでいた若きヤスパースは、他方でキルケゴールに傾倒してもいた。

人間とは何であろうか。(中略)/問題なのは、人間について知られることによって人間というものがそもそも理解しつくされるか否かということである。(中略)/実際にわれわれは二重の様態において、すなわち、研究対象としての人間および、一切の研究の近づきえない自由すなわち実存としての人間という二つの様態において、人間なるものに接近することができる。第一の場合には対象としての人間が問題となるが、第二の場合には［人間における――訳者注］非対象的なものが問題となるのであって、この非対象的なものとは、人間がおのれ自身を本来的に意識するときの人間のあり方であり、そのときに覚知されるものなのである。（『哲学とは何か』六五―六ページ）

人間には客観的に把握できない実存の次元があり、それはそのつど決意し選びとられていく。そのことが見えやすくなるのは世界や他者からの要求が迫ってくるときだ。その時こそ自由が強く自覚される。「というのも、そうした要求を成就するかそれとも回避するかということが、われわれの態度いかんにかかっているからである。われわれは、自分が何ごとかを決定するとともに自分自身のことをも決定しているということ、われわれには責任があるということに、まともに異論を唱えることはできない。」（六六ページ）

†限界状況の経験

孤独な現存在として世界に投げ出された人間だが、不安に耐え自由を具体化していかざるをえない。そこに何らの意味も見出せなければ無が露わになる。ニヒリズムの道だ。だが、ヤスパースはそこに分裂する主客を包み込むような「包越者」や「存在そのもの」や「全体としての存在」を見いだす。そこにこそ自己の実存の「根拠」がある。聴衆に向けた平明な叙述において、それは直ちに「超越者」あるいは「神」とされる。

自由がわれわれにとって確実なものになるやただちに、自己理解に至る第二の歩みがなされることになる。その歩みとは、人間が神と関連した存在者であるということである。／（中略）われわれ人間は、われわれ自身によって決意する場面でありわれわれが自動的には自然法則に服属しない場面である自由をもちながらも、われわれ自身によって存在するのではない。むしろわれわれは、おのれの自由において〔超越的なものから〕贈与されているのである。（中略）自由に決意し有意義な生を選びとる場合、われわれは、そうした自分が自分自身の力によるものではないことを意識している。（六六―七ページ）

ここに見える実存的信仰は「迷信」や「神話」と区別され、哲学や救済宗教（悪を見つめつつその克服を信じる宗教）のような高次の精神文化によって切り開かれてきたものだ。

とはいえ、それは合理的言語で示されるものではない。象徴（暗号）によってこそ示され、神話的な表象と切り離しえないものなのだ。

では、実存はどのようにして自覚されるのか。挫折の経験、限界状況の経験（死、偶然、苦悩、闘争、負い目）が大きな意味をもつ。

限界状況の経験においては、無が指示されるか、それとも、一切の世界存在が消滅するにもかかわらずその世界存在をこえて本来的に存在するものが感じられるようになるかの、いずれかである。絶望でさえ、それが世界内で可能であるという事実によって、世界をこえ出たものを示す指針となる。／（中略）人間は救いを求めるものであるが、その救いは、偉大で普遍的な救済宗教によって提示されている。この宗教の徴表は、救済の真理と救済の現実とを示す客観的な保証をもっているという点にあり、この救済の道は個々人の回心の作用に通じている。哲学はこうしたものを提供することはできない。しかしながら、哲学するということはすべてひとつの世界超克であって、救済に類比さるべきものなのである。（二一二ページ）

一九四九年の『歴史の起源と目標』では、哲学や救済宗教による実存思想が人類の諸文明においておおよそ同時的に成立して来たことに深い意義があるとして、それを「軸の時代」とよんだ。『哲学入門』の要約を見よう。

「世界史は、偶然的なできごとの入り混じった混沌だと思われることがあり、そこでは歴史全体が洪水の渦巻のように入り乱れたものにみえる。」そう見なせば歴史には何の意味も統一も構造もないことになる。だが、歴史哲学はそれこそを求める。「すべての民族が歴史的におのれを理解する際のある共通の枠」への理論的要請だ。「そして、世界史のこうした軸は紀元前八百年から二百年のあいだに生じた精神的過程のうちにあるとみられる。」（一〇一―八ページ）この時期に中国、インド、西アジア・北アフリカ、ギリシアで人類精神の新たな地平が切り開かれた。これが軸の時代だ。

この時代にみられる新たなことは、右のどの地域においても、人間が全体としての存在と自己自身と自己の限界とを自覚するようになるということである。人間は世界のおそろしさと自分の無力さとを経験する。彼は根本的な問いをたて、深淵に直面して解放と救済を望んでおし進む。おのれの限界を意識的に把握しながら、人間は自ら最高の目標をたてる。彼は、自己存在の深みにひそむ無制約性と、超越者の明晰な自

覚に含まれる無制約性とを経験するのである。（一〇四―五ページ）

ヤスパースは軸の時代に形成された救済宗教を実存的宗教としてとらえ、その歴史哲学的な境位を示そうとした。そこに世界の諸宗教に開かれた文明統合のビジョンが描き出される。大衆社会を睥睨するだけでなく、市民社会に着地しようとする実存哲学による希望的な救済宗教論である。

イラン革命と冷戦以後の時代に生きる私たちは、救済宗教の排除と分割の機能についてもっと悲観的になっている。哲学が包越者や超越者を喚起する力にも懐疑的にならざるをえないだろう。しかし、実存、限界状況、軸の時代といった概念は、救済宗教の特徴を通して宗教を理解しようとする際、今なお道具箱からはずせない。

バタイユ『呪われた部分』（原著刊行年 一九四九）
――消尽と無による解放

ジョルジュ・バタイユ（一八九七―一九六二）はアカデミズムの諸前提を超えた地点から、「聖なるもの」について特異な考察を行った思想家・文学者である。「消尽」や「侵犯」に宗教の核心を見抜き、西洋の思想伝統の根底的超克を構想した。

†無にひそむ聖なるもの

二〇世紀も中頃を超えると、宗教の起源や本質を捉えようとする理論にはかげりが見えてくる。「宗教」概念を支える西洋形而上学の基盤が崩壊し、修復は困難と感じられるようになっていた。また、「宗教」とよばれていたものの多様性が露わになるとともに、西洋的な伝統のなかで考えられてきた「宗教」の普遍性、単一性が受け入れにくくなってきてもいた。自然や人間こそが知の出発点となる実在だとすると、人間の生を超えてその意味を支えるもの、つまりはかつての神にあたるものをどこに求めればよいのか。堅固な超越世界やイデア的な実在領域が失われ、「無」が露わになる。

だが、そこに一つの逆転の可能性が生じる。無にこそ「聖なるもの」の本質理解の鍵があるのではないか。これはニーチェがニヒリズムという言葉で、とりあえずは宗教批判の方向で論じたことに通じる。だが、実は宗教こそ無という中心点をめぐって回転してきたものではないか。少なくとも「宗教体験」「神秘体験」についてはそう言えないか。

消尽とか贈与とかエロティシズムとかの身近な「内的体験」を反省してみれば、表面的な「宗教」の奥深くに潜む「聖なるもの」の核心が見えてくる。そこでは、生と死が、存在と無が不可分にからみあっている。これが「宗教」をめぐるバタイユの考え方だ。

一〇代のバタイユは、長期にわたる悲惨な病気療養の果てに死去した父への罪意識に苦しんだ。一時、カトリック信仰に没入したが、二〇代前半にはすでに信仰を失っていたという。だが、失われてゆく神と向き合おうとした孤独な魂の経験は、文学作品を含めたその後の豊かな著作活動全体の核をなすものとなる。バタイユは宗教を棄てたが、宗教にこだわり続けた作家・思想家であり、宗教を否定して「聖なるもの」を称えた無神論的神秘主義者と言える。

†消尽と侵犯

バタイユの主著であり、まとまった形で宗教論を読み取れるのは、第二次世界大戦後に『呪われた部分——普遍経済学の試み』という題の下にまとめられていく諸著作だ。すなわち、第一部『消尽』（邦訳『呪われた部分』、一九四九年刊）、第二部『エロティシズム』（『エロティシズムの歴史』として構想されたもの、一九五七年刊）、第三部『至高性』（遺作、一九七六年刊）の三部作である。また、『宗教の理論』（一九四八年頃執筆）という小著もある。ここでは、主に『消尽』によって、バタイユの宗教論を紹介する。

犠牲の動物を殺す儀礼、供犠を例にとろう。供犠では生命が破壊される。だが、それはその動物を何かに利用するためではない。純然たる破壊の瞬間に参加者は陶然となる。ふだんの覚めた意識では、「こちら側」の立場から「向こう側」の客体を認識し、所有し、支配する。供犠のような消尽の瞬間には、そうした主体と客体の区画が消失する。

炸裂する暴力の瞬間、自他融合の世界へと移動している。その時、選ばれた客体は「呪われた部分」として破壊される。主体の方は何かを生産するために事物を手段として利用しようとしているしらけた意識がなくなり、未来を配慮しない目的そのものの中にいる。

供犠は非生産的な消費だが、そこにこそ聖なるものが現出する。はなばなしい生命の消尽が行われるとき、世界は対象として事物化された状態を脱し、そこからこそ主体性が派生するものとなるような原初的な自他一体となった世界（バタイユは「連続性」「内奥性」

「至高性」などという）へと戻っていく。それまで意のままにされるものであった生贄の奴隷は、あたかも仲間のように自分の生命ととけあった存在に変貌する。

生贄とは有用な富の総体のなかから取り除かれる一種の剰余である。そしてそれは利得なしに消尽されるためにしか、従って永久に破壊されるためにしかそこから抽出されない。それは、選出されるや否や、苛烈な消尽へと運命づけられた呪われた部分になるのだ。だがその呪詛はそれをものの次元から引き離す。その顔かたちが見分けられるようになり、その後は生ける存在の内面と、苦悩と、深みを放射する。／生贄にそそがれる配慮ほど胸打たれる光景はない。（中略）聖別されるや否や、そして聖別から死までのあいだ、それは奉納者たちの身近かに入り込み、彼らの消費に参加する。彼らの一員となり、余命いくばくもない祭典の中で、歌い、踊り、彼らと共にあらゆる快楽を享受する。（中略）そしてまさしくその中で、命を失うのだ。（七八ページ）

ただ、そもそもこのように我を忘れていのちを燃焼したり、所有物を喜んで投げ与えたりする「消尽」の体験は、ふつうの生活のそこここにあふれている。性交渉にはそのような性格があるし、憂さを忘れて戯れ、遊び、笑う体験もそうだ。禁止されていることの侵犯も隣接する現象だ。禁止されるが故にこそ強く欲望され、ついには死に至るような侵犯を犯す。だからこそそこには究極的な自由がかいま見られることにもなる。「奢侈、葬儀、戦争、祭典、豪奢な記念碑、遊戯、見せ物、芸術、倒錯的性行為（すなわち生殖目的からそれた）など」（二六七ページ）の「非生産的消費」とバタイユは要約している。

将来を案じ出すや否や、主体はそれ自身の領域を捨て、現実的次元の客体に従属する。つまり主体は労働を押しつけられない範囲内で燃焼するのだ。もしわたしがもはや「今後のこと」を気づかわず「いまあること」だけを問題にするならば、何かを保存して置くいかなる理由があるだろう？（中略）もしもこのようなかたちで無節度に消尽すれば、わたしは自分が内奥においてそうであるすがたを同胞に呈示することになる。すなわち消尽こそは隔離された諸存在が通じ合う道である。激しく消尽する者たちのあいだでは、全てが見通しであり、全てが開かれており、全てが無限である。だがそうなれば何ものも重要ではなくなり、暴力は解き放たれ、熱が高まる限り、際限なく荒れ狂うことになる。（七六—七ページ）

消尽や侵犯の体験は、破壊や暴力や恐怖の体験でもあり、罪意識や苦悶がつきまとい、死にも通じる。死は他の生を育て新たな生に場所を空けることであり消尽の一形態と言える。死も性と同様、生命の横溢の一部であり、過剰なもの、「呪われたもの」だ。死の体験と性の体験はともに燃え尽き未来を失うことである。贅沢品の贈与に巨費を投じること、演劇やホラー映画や遊園地等でわざわざ極度の苦悩や恐怖を体験すること、詩人が進んで破滅的な生活に陥っていくこと、さらには戦争なども死と関連する消尽だ。

†知の限界

バタイユはこのように聖なるものの体験を描き出す一方、日常的な労働や合理性の支配する、しらじらとした抑圧的な世界の圧倒的なリアリティをも強調する。人間は自然を支配し、それを自己の力に服するものとする。所有と権力が目指され、有用性を拡大していく。これこそが人間的自由と理解されているが、実はその過程で人間自身も自然に従属することになる。それは外なる目的の手段として操作されるものの領域に自らを閉じこめることである。

人間は世界を否定するけれども、否定されるのは彼自身である。全て私の手中に握られているものが告げていることは何かというと、それはつまり私が自分にとって同類であるものを、もはやそれ自身の目的＝究極のために存在するのではなくて、それにとってはまったく疎遠な目的＝究極のために存在するようにと還元してしまったということなのである。（『宗教の理論』五三ページ）

ヘーゲル以来の疎外論に依拠するバタイユだが、キルケゴールやニーチェと同様、知の限界という点において、哲学が達成する包括知を想定するヘーゲルとは決定的に対立する。そもそも学問の知は客観化することによって、生きている主体の体験的世界から離れたところに身を置くことを自覚しない傾向がある。聖なるものに没頭している消尽の際の意識状態から、客観化し有用性に縛られた、分離した知的な意識状態への移行に人は気づかずに知の世界に閉じこもる。

「内的体験」や「非－知」（バタイユ独自の用語）の世界は、知から追い出されてしまうことになる。有用性に囚われた知は、それが限られた世界であることを忘れている。こうした理性の限界、知の限界を超え新たな全体的な知を開くという知の革命を遂行する必要がある。それこそ現代の抑圧的暴力や戦争を克服していく道だという。

「聖なるもの」はエミル・デュルケムやルドルフ・オットー（『聖なるもの』一九一七年）

が宗教の本質をなす体験の特徴を示す語として提示したものだ。バタイユは聖なるものを宗教から引き離して、閉ざされた個体性が打ち破られ、他者や世界との一体性が回復される体験として捉え直した。

合理性を超える多様な経験を「聖なるもの」として一括してしまっていないか、モノローグ的な個の理念や「体験」概念に固執してはいないか、消尽と有用性の領域を極端に対置しすぎてはいないかなどの疑問は次々わいてくる。読者を魅惑するカリスマ的な趣のある著述家だが、西洋思想史を背景におき宗教理論史上の位置をよく理解できるようになれば、もっと親しみ深い身近な存在となるだろう。

ジラール『暴力と聖なるもの』(原著刊行年 一九七二)
——模倣の欲望から差異創出へ

ルネ・ジラール(一九二三—)はフランスで学びアメリカで教える文学研究者。文学論の基礎の上に野心的な宗教理論を打ち立てた。ロマン主義・象徴主義や構造主義の系譜の文化理論を覆し、暴力と集団秩序の観点から宗教の社会機能論を復興した。

†暴力論の潮流

バタイユは供犠や暴力や祝祭を聖なるものの原型に関わるものとして重んじたが、これは一九世紀の末からフレイザーやデュルケムやフロイトが宗教を論じるときに好んで取り上げてきたテーマを引き継いでいる。『暴力と聖なるもの』のジラールもこの点では同じだ。トーテミズムと供犠を西洋近代の宗教理論の火薬庫にたとえてもよいだろう。二〇世紀に入る頃、燃え上がっていったん鎮静化したかに見えたその火薬庫は、二〇世紀の後半、バタイユとジラールによって再点火されたとでも言えようか。

バタイユとジラールの両者とも生け贄として十字架にかけられたキリストへの信仰にこだわった。なぜ人はかくも暴力と死に魅せられるのかを問うた。そして二人とも、合理的思考が見落としてしまう決定的に重要な心の働き方があり、それこそ宗教の核心をなすものだという。

だが、両者の宗教理解はある意味で反対の方向を向いている。バタイユが供犠と暴力を「内的体験」に引き寄せて解釈し、いっそうの解放を志向する文化革新に期待をかけたのに対して、ジラールは人間中心主義的な解放のユートピア的ビジョンに懐疑的で、キリスト教信仰と非暴力主義に最低限の生き残りの希望を託すといった風である。

ジラールの暴力論はニーチェのルサンチマン論とも深い関わりがある。近代人は隣人への嫉妬にかられ、やり場のないルサンチマンでいっぱいだ。皆が平等な人間同士ということになると、すべての他者が競争相手で潜在的な敵であることになる。そこから力ある他者を凡人の地位に引き下ろして、仲間の規律に服させようという否定的な情念がうずまくことにもなる。民主主義社会、大衆社会につきものの困難な病と見なす人も多い。

ニーチェはそれこそ生の充溢を否定するキリスト教のあしき遺産と見なし、貴族的な精神による生の享受を称揚した。ジラールはルサンチマンは暴力と不可分であり、人間性の奥底に根をもったものでかんたんに除去できる偶発的なものなどではないとする。

†暴力と差異

ジラールが注目する人間性の表れがいくつかある。一つは「模倣の欲望」とか「欲望の三角形」とかよばれるものだ。人はお腹がすけば何かが食べたくなる。また、美しい異性にひかれる。これは対象に向けられた欲望だが、実は欲望はライバルとの関係によってこそ刺激され増幅されるものだ。

誰かがよりよい食物、よりよいパートナーを望んでいると、近しい者もまたそれが欲しくなる。他者を模倣して何かを欲すると、お互いに相手を脅威と感じるようになる。また、他者へのルサンチマンにかられ、何とかライバルをしのごう、破壊したいとする思いに取り憑かれることになる。三角関係のようにライバルの間で猜疑心を燃やしながら、対象への情熱をかき立て、ついには互いにライバルを排除しようとするに至る。

いったん暴力が発生するとこれを抑えることは容易でない。暴力は伝染する。自分は暴力を抑えたいと思っている者、暴力の局外にいると思っている者がいつしか暴力に巻き込まれている。暴力は差異の消失と関連がある。

王様と乞食のようによほど身分が違うと模倣しようという気にはならない。しかし、兄と弟のようにあまり差異がなく立場が近いと模倣の欲望が喚起され暴力が起きやすい。そもそも文化や伝統は差異を基盤として成り立っていた。文化や伝統の拘束力が弱まると差異が消失し、暴力が起きやすくなる。そして暴力が起こると、お互いの関係がさらにフラットになってしまう。異質だったものが近づいて似たもの同士となる。差異がなくなり、ルサンチマンが遍満して暴力と報復・復讐の悪循環に陥っていく。

ジラールの観点からは、オイディプス王の悲劇は次のように読み込まれる。

都市国家(polis)の秩序における王の殺害者《レジシード》であることと、家の秩序における父殺しであることとはまさしく同一の事柄である。その両方の場合、犯罪者は、もっとも基本的な、もっとも基礎的な、もっとも侵すべからざる差異を侵犯したのである。文字通り彼は差異の殺害者となる。父殺し、それは、父と子の間の暴力的相互性の創設であり、父と子の関係を《葛藤の》兄弟関係に縮約することである。(中略)暴力の相互性は、それが父と子の関係を呑みこんでしまった時、もはや何物も支配圏の外にとどめてはいない。そしてそれは、取るに足りない何かにたいする競合関係ではなく、母親、つまり、もっとも絶対的に父親にだけとっておかれてある対象、息子にはもっとも厳しく禁じられている対象にたいする競合関係を作り出すことによって、そうした父と子の関係を可能な限り完全に無くしてしまうのである。近親相姦もまた暴力である。極端な暴力であって、したがって差異の極端な破壊であり、家庭内のもう一つ別な大きい差異、母親と子供たちとの差異の破壊である。父殺しと近親相姦の二つによって、暴力の無差異化のプロセスは完成する。（一二一―二ページ）

†盲点としての聖なるもの

この暴力の連鎖を抑えるには、暴力を一つの対象に集約し唯一の正しい暴力を定めることによって秩序を打ち立てるしかない。身代わりの山羊を作り出すこと、供犠を行うことによって、差異の体系を構築する基礎が作られる。この転換は突然起こる。これまでフラットな関係のもとで限りなく相互的なものになっていた暴力が、ただ一つのものに集約されて聖なるものとなる。奇跡のように満場一致の同意が生じ、聖なるものが生じるのだとジラールはいう。

宗教的思考は、必然的に、こうした贖罪のいけにえ《ヴィクチーム》の中に、つまり簡単に言えば最後の犠牲者《ヴィクチーム》、新たな報復をよぶことなく暴力を蒙る犠牲者の中に、暴力を播いた後で平和を収穫する超自然の生き物、人間を病ましめた後で癒す恐るべき神秘的な救い主を見ざるを得ないのである。／近代的思考にとっては、英雄は、悪しきものであることをやめない限り、良きものとはなり得ないし、その逆もしかりである。(中略)宗教的思考は、そんな高みから物事を裁くにはあまりにも謙虚で、恐ろしさをよく知っている。自分を超えたものがあることを知っているのだ。もっとも悪しきものと、もっとも良きものの神秘的な合一は、それが最高度に共同体と関係している故に否定することも無視することも問題にならない一つの事実である。けれどもその事実は、まったく、人間の判断や理解を超えている。(一四〇ページ)

オイディプスは父を殺し母を犯した最悪の息子であり、だからこそ共同体の救い主である。この神秘的な逆説の背後には、相互的暴力から満場一致の供犠的暴力への転換がある。悪しき暴力から善き暴力への瞬時の転換だ。しかし、このことは人々に意識されない。聖なるものとは姿を隠した暴力なのだ。

宗教的思考はわざとのようにそれを誤認することで差異の体系を守る。宗教的思考は科学のように正確な経験的な認識を行うが、暴力回避を目指す実践的関心が先立っているため、聖なるものをめぐって一つの盲点を作り、恐れの感情を保ってそこから遠ざかるように促す。死に関わるものを避けたり、月経の血を避けたりするのがタブーだが、人はなぜ避けなければならないのかほんとうの理由を説明できない。聖なるものは究極の真実が隠されるところにこそ現れるものだからだ。

†すべては暴力につながるか

ジラールは宗教に関わるすべてのことを暴力から説明しようとする。これを批判することは容易だ。人は人間同士の暴力ではなく、大いなる自然の力を聖なるものとして恐れ尊ぶこともあるのではないか。太陽や月の神、あるいは樹木や穀物の精霊を信じるのは、「模倣の欲望」に由来する畏敬の念とは別の事柄ではないか。病を恐れたり、治癒を祈るのは、自然の生命力に対する畏敬の念に基づくのではないだろうか。

だが、ジラールはこれらすべてが、人間同士の暴力への恐れに由来する聖なるものを源泉とするのだという。結局、キリスト教信仰を弁証していることになるのも納得しにくい点だ。イエスは犠牲の死をこうむり、そのことによって隣人愛と非暴力を体現する神となった。仏教やイスラームやヒンドゥー教や神道ではだいぶ話が異なる。だが、ジラールは宗教の多元性にほとんど関心を払っていない。

しかし、『暴力と聖なるもの』は確かに二〇世紀後半の宗教理論の新しい地平を見通していた。そしてそれは、この書が近代的主体性への激烈な批判を含んでいることと関係がある。近代的主体性の「主流」は、知を生産して環境を支配する合理主義的自己の力をのどかに信頼している。他方、ロマン主義やニーチェ主義的な「対抗潮流」は、合理主義の弱点をついて個人の体験や身体から生じてくる創造性に期待をかける。バタイユの宗教論などはこの系譜に属する。

だが、どちらも個の自発性をやすやすと信じている。ニヒリズムを生む源にあるモノローグ的な個の傲《おご》りが見すえられていない。実際には先進国の個人的主体性といえども現代世界の暴力に木の葉のようにもてあそばれ、聖なるものの支えを求めて漂流しているにすぎないのではないか。ジラール理論はそのような現代の危うい個の出所をいささか強引に特定することにより、宗教の基層部に光を当てたと言えるだろう。

湯浅泰雄『身体論』（原著刊行年 一九七七、一九九〇）
――修行が開く高次システム

湯浅泰雄（一九二五―二〇〇五）は日本思想史や深層心理学の分野で多くの重要な仕事をしたが、主著は英語版（八七年）で世界的にもよく読まれている本書である。修行が実践の中心にある東洋の宗教の立場から形而上学の再建を唱えている。

†身体の復権

訓練して身につけた技能について、「身体で覚える」とか「身体が覚えている」などという。熟練した芸能者や武道家など、道の達人とよばれるような人々の場合、それは高い心の境地に達することと不可分と考えられている。意識的に統御しようとしなくても自ずから心と身体が調和的に働く。心身一如の境地だ。

このような効果を具体的な技能の向上としてではなく、究極的な人格向上を目指して行うのが宗教的な修行である。欧米の宗教学の書物では「修行」が論題になることは少ないが、日本の学者や知識人は修行の意義にしばしば注目してきた。なかでも理論的な洗練度と視野の広さにおいて傑出しているのが、本書、湯浅泰雄の『身体論』だ。

西洋の宗教、つまりキリスト教では修行はあまり高い意義を与えられていない。魂と身体ははっきり二元的に分けられる。神にふれ永遠の生命を得ることができるのは魂であり、身体はそれを阻害するものだ。身体の働きはもっぱら制御すべきものではあれ、それに働きかけ育成することで高次の霊的な実りが得られるという考え方は見られない。西洋哲学の伝統でも心と身体、理性と感性は峻別される。形而上世界に関わりうるのは理性であり、身体は形而下的存在とされ、両者はきっぱり分けられてきた。

近代西洋で「神が死んだ」と言われ、また形而上学は終わったと言われるのは、このような二元的世界観の枠内での話だった。身体性を欠いた形而上的領域が現実味を失い、理性が明示するはずだった神信仰は空疎になり、ぽっかり無が口を開けた。だが、修行と身体が実践論的・存在論的に高い意義をもつとされてきた東洋の宗教や思想の伝統では、そもそもこのような二元論は妥当とは見なされてこなかった。

西洋形而上学の解体が主張され、あるいは嘆かれる現代においてこそ、東洋宗教の心身論が見直されるべきだ。修行や身体の考察によって形而上学の再建の道が展望できる。東アジア仏教史、日本仏教史、近代日本哲学、西洋二〇世紀哲学、深層心理学、そして現代科学の心身相関論を検討しながら、湯浅はこの目標に迫っていく。

†修行・稽古

仏教のなかでも日本の仏教は、とくに身体と修行を重視した。そもそも密教は身体と修行を重視するが、中国には定着しなかった。これに対して空海は中国から持ち帰った密教を日本に定着させただけでなく、そこに「法身説法」や「即身成仏」の説を付け加えた。超越的な存在である法身仏がそのまま修行者に語りかけてくるととらえ、また修行者の身体が修行を通してそのまま仏になりうることを説いたのだ。

他方、道元は禅の修行について「身心学道」を説いたが、これは身体を心より上位に置き、まず自己の身体を「形」に入れてゆくことを促すもので、中国の禅にもまして身体の意義が強調されている。道元は瞑想にあたって「諸縁を放捨し、万事を休息《くそく》」せよと指導している。これは精神が身体を支配するという日常意識を脱して、「非日常的存在様式の中に自己を閉じこめ」ることを意味する。そのとき、人は「生の根源的受動性へとさしむけられる」。自らの生が絶対的な限界のなかにあることの自覚から根源的な身心変容が生じるという。これが道元の禅が目指した境地（「身心脱落《しんじんとつらく》」）の本来的意味だと湯浅は説く。（一五五—六一ページ）

芸道における「稽古」も形を通して心の境位を高めていくことだ。中世の『沙石集《しゃせきしゅう》』では和歌の本質は密教の修法で用いられる陀羅尼《だらに》に等しいと論じられたが、陀羅尼の原義は瞑想の際の意識集中である。作歌の稽古という形にのっとった訓練を通して心の境位を高め、人格を向上させていくことを目指すのだ。一方、能の世阿弥は芸の向上を「花」にたとえる。「種」である身体の「形」が芸の「心」、すなわち「花」を生み出す。達成された「花の心」こそが「無心」という芸の究極的境地であると説いている。

†東洋的修行と心身相関

近代日本の哲学者はこうした伝統を踏まえて、身体性を重視する独自の哲学理論を発展させた。『風土』を著した和辻哲郎は、『存在と時間』の著者ハイデガーの時間重視の立場に、空間重視の考え方を対置した。和辻は人と人との「間柄」が人間存在の基盤だとしたが、人間とは「生活＝空間」に身体をもって存在するという理解だ。人間は「生活世界の中に生を享けることによって、そこからさまざまの意味を受けとり、身につけ」ると捉えている。「間柄」が構成する空間内の身体としてある受動性を自覚することで、空虚な主観への閉塞を超えていこうとする立場だ。

西田幾多郎は「行為的直観」について論じた。「行為的直観」とは「直観にもとづいて行為すること」だが、そこには身体が介在する。日常的経験の次元では意識（心）が世界を受動的に直観し、身体を通して能動的に行為する。これが「有の場所」の事態で、そこでは心と身体は一つではない。ところが「無の場所」に入っていくと主客関係が逆転し、直観は能動的となり行為は受動的となる。心が身体を御しかねている状態から、コツを会得した状況への転換だ。

「身体」は「心」の動きに抵抗する重いもの、自己の人間としての主体性を拘束する基体的制約としての客体性を示している。しかしながら、くりかえし訓練を重ねてゆくことによって心の動きと身体の動きは次第に一致するようになる。彼［西田］があげた例でいえば、すぐれた音楽家が熟練した曲をひくとか、すぐれた画家が感興のおもむくままに「筆おのずから動く」境地で行為しているような状況になれば、心のはたらきと身体のはたらきは一体となり、その理想的状態においては、〝心身一如《しんしんいちにょ》〟の名人芸の境地にまで至るであろう。（八五ページ）

こうなると身体こそが主体となり、自ずからその行為にふさわしい心のあり方も生じる。これが「われなきわれ」ともいうべき無我の三昧境だ。

西田が洞察したような心身相関のあり方、また、身体や無意識の能動性と意識の受動性の関係は、記憶や知覚をめぐってベルクソンやメルロー＝ポンティの哲学が切り開いた地平と照応している。彼らは人は何かを思い出し知覚する前に、習得し活用される「運動的図式」「身体的図式」を通して世界への関わりの構えを形成していることを明らかにした。抽象的な意識的自己の主観性に対して、身体に根ざした受動＝能動的自己が想定されている。このように西洋哲学においても、主客二元論の克服が試みられるようになったのだ。

だが、西洋哲学における心身相関の認識は意識の浅い層に留まり、情動や感情などのより深い層での心身相関については心理学（とりわけユング）や生理学の方がむしろ事態を如実につかんでいる。夢・催眠・神経症などの研究を通して深層心理学や条件反射論、ストレス理論や心身医学が明らかにしてきた「心身関係の基底的構造」だ。東洋的修行の伝統が重視してきたのもこのレベルの心身相関だった。東洋的修行においては、この「心身関係の基底的構造」に働きかけて人格そのものを高めていくことが目指される。

一般的にいえば、われわれのいう心身関係の表層構造と基底構造の間には、情動作用を通じてたえず交流が行なわれている。心身医学が対象としているような疾患の場合は、この連絡路が不安定な暗い情動によるものであるために、人格の基底構造にゆがみが生じているのである。（中略）これに対して修行の場合は、自己は情動の克服と支配を通じて、基底構造に深く根を下ろした状態になってゆく。（中略）そのような人格の中心から発する力が、おそらく「愛」や「慈悲」という言葉で表現されるような、人間関係に調和と心情的連帯を生み出すはたらきではないかと思う。（二九八—九ページ）

東洋的修行の伝統は東洋的形而上学と結びついている。そこでは宗教や精神性によって超えられ変えられてゆくのは、「自然」ではなくて「人間の本性」である。修行を通して、具体的に観察される身心の次元で形而下から形而上への向上が実現する。形而下的次元と形而上学的次元は連続しているから、心身相関のあり方を経験的科学的に研究していく心理学や生理学と、人格向上の理念についてより総合的に捉えようとする哲学や宗教論とは分離せずに相互に支え合いながら知識を深めていくことができる。湯浅は超常現象について研究する超心理学にも大きな意義を認めている。

湯浅は修行こそが東洋的宗教の深みを代表すると考え、そこから引き出しうる身体論に依拠して新たな科学＝宗教複合的な人間論、宗教論を構想した。宗教についても修行についても身体についても、超越や向上の可能性について希望的な、また規範的な見方が貫かれている。科学と形而上学、科学と宗教の新たな統合が可能だとも考えられている。修行と連関し合う抑圧や排除の可能性についてはまったくふれられていない。

とはいえ、修行についての深い考察という点でも、取り上げられている諸思想の斬新な解釈とそれらの関連づけという点でもまことに豊かな内容をもった刺激的な書物だ。それはまた、日本思想史を見直しながら新しい宗教思想を提示しようとする野心的な企てでもある。

一九七〇年代以来、伝統的宗教と近代科学との双方を超えることを目指す新しいスピリチュアリティ(新霊性運動・文化)の潮流が目立つようになった。その世界的潮流のなかでもとりわけ味わい深い書物である。

バフチン『ドストエフスキーの詩学の諸問題』（原著刊行年 一九二九、六三）
——多元性を祝福する

ミハイル・バフチン（一八九五—一九七五）はソビエト時代のロシアの文化研究者。小説研究を通して近代の閉塞的自己意識を批判し、文学作品や民衆文化が開示する開かれた意識の可能性を示した。そこに宗教研究の未来を読みとることができる。

†モノローグ的自己意識を超えて

二〇世紀を代表する思想家・文化理論家の一人と評されるバフチンは、青年期以来、キリスト教の信仰を離れなかった。その二冊の主著のうち、『フランソワ・ラブレーの作品と中世ルネッサンスの民衆文化』（一九六五年刊行だが四一年には完成していた。以下、『ラブレー論』と略す）は祝祭やカーニバルを主題としており、宗教史の参考書として用いられる。しかし、バフチンの宗教理解という点でもっと可能性に富んでいるのは、もう一つの主著『ドストエフスキーの詩学の諸問題』（以下、『ドストエフスキー論』と略す）、とりわけその改訂第二版（一九六三年、初版は一九二九年）だろう。

『ドストエフスキー論』の主旨は〈ドストエフスキーはポリフォニー小説という新しい言語芸術の様式を創始した〉ということだ。「ポリフォニー」は多声楽を意味する音楽用語だったが、バフチンはそれを言語芸術に適用した。独立した複数の他者たちの声が響き合って、どこに中心があると言えない作品構造を指す。だが、それは文学表現の新様式の創造という芸術論・言語論の主張にとどまらず、世界観に関わる事柄でもある。注意深く読むと、バフチンはつねに宗教を念頭に置いて文学理論を構想していたことが見えてくる。

唯物論を掲げるソビエト国家の周縁でひっそりと生き延びたバフチンは、その思想の宗教理解の側面を隠蔽せざるをえなかった。だからその著作からすぐにわかりやすい宗教理論が導き出せるというわけではない。しかしそこには確かに未来の宗教理論のための豊かな示唆が含まれている。バフチンは近代的な自己意識のあり方が一つの「信仰」だと述べている。ロマン主義的な自己崇拝の文学、ヘーゲルに代表される観念論哲学のみならず、教会的なキリスト教の教説やソビエト共産党の科学主義や史的唯物論（バフチンはこの論点を巧妙に隠蔽する）も、同じくモノローグ的原理にのっとっている。これがバフチンの現代文化批判の根本前提だ。近代西洋で広まった「個」や「自己」の実体化が、全体主義やニヒリズムと不可分の関係にあるという洞察だ。

近代においてモノローグ原理が強化され、それが思想活動のあらゆる領域に浸透してきたことに力を貸したのは、単一で唯一の理性を崇拝するヨーロッパの合理主義、とりわけ啓蒙主義時代の思潮である。この時代に、ヨーロッパ散文文学の基本的なジャンルの諸形式が形成されたのである。西欧的ユートピア思想もすべてこのモノローグ原理に基礎を置いている。（中略）／思想活動のすべての領域にわたる、単一の意識の自己充足に対するこの信仰は、思想家たちが個別的に作り出した理論ではなく、近代の思想的創作活動の構造に深く食い込み、その外的・内的形式を規定している一つの特質なのである。（一六七―八ページ）

†対話的世界感覚

ドストエフスキーが創造したポリフォニックな小説の世界は、この近代的「信仰」を打破し、新たな世界観の地平を創り出した。ドストエフスキーの作品では、確かに作者の宗教思想を担った理想的人物像が提示される。しかし彼らは思想的敵役《かたきやく》のニヒリズムの担い手と「まったく対等の権利を持って」（一八八ページ）対話する。個別化された思想や単一の思想体系はなく、けっして融合することのない生きた人格が織りなす世界、「互いを照らし合う意識たちの世界」、「対話的世界感覚」（五五九ページ）が目指されている。

こうした思想的アプローチの結果として、ドストエフスキーの前に繰り広げられる世界は、モノローグ的な意味に照らし出され秩序づけられた客体たちの世界ではなく、互いを照らし合う意識たちの世界、互いにがっちりと組み合った人間たちの意味志向の世界である。それらのただ中で彼はある至上の、最高権威を持った志向を求めようとするが、それをも彼は自分の本当の思想として捉えるのではなく、もう一人の本当の人間およびその言葉として捉えている。彼は思想的探求の解決を、ある理想的な人間の像、もしくはキリストの像として思い浮かべていた。その像、あるいはその至上の声こそ、声たちの世界の最高峰に立って、その世界を組織し、従えるべきものなのだ。まさに人間の像と、作者にとって他者でしかないその人間の声こそが、ドストエフスキーにとっての最終的な思想の規範だった。（一九九―二〇〇ページ）

だが、ドストエフスキーがキリストという理想の人間像をもっていたということよりも、小説を通して意識たちの対話的な共存を実現する方法を確立したことの方が重要だとバフチンはいう。キリストへの信仰によって、対話的な関係の外にいて意識し、判断する「自我」というものが保証されるわけではない。ニヒリストの意識も同じぐらい身近なのだ。

†カーニバル的世界感覚

『カラマーゾフの兄弟』で父の殺害について、アリョーシャが兄イワンの罪を否定する箇所がある。「すべては許されている」というイワンの考えを信じたスメルジャコフが殺害を実行する。彼はイワンの「思想」をモノローグ的に信じていた。イワンは悪魔に取り憑かれて錯乱状態に陥る。そこへ義人の像を体現する弟アリョーシャがやってくる。アリョーシャはイワンの無罪性を証しようとする。

悪魔はイワンのように話しもするが、また同時にイワンのアクセントを悪意的に誇張し、歪めてしまう《他者》としても話すのである。(中略)アリョーシャもまたイワンの内的対話の中に他者のアクセントを持ち込むが、しかしその方向性は正反対である。《他者》としてのアリョーシャは、イワンが自分自身との関係においてはもちろん絶対的に口にすることのできない、愛と和解の調子を持ち込むのである。アリョーシャの発話と悪魔の発話とは、双方とも同じようにイワンの言葉を反復しながらも、その言葉にまったく正反対のアクセントを付与しているのだ。(中略)／これが、ドス

トエフスキーにとってもっとも典型的な主人公の配置法であり、彼らの言葉の相互関係というものである。(五三八ページ)

イワンの内なる対話が外なる声となり劇的な展開が起こる。秘かな内的問いかけが明確な応答を得て真実が露わになるこの多声反響のときこそ、対話的世界感覚、カーニバル的世界感覚が顕現するときなのだ。

人間と人間の、意識と意識の決定的な出会いはすべて、ドストエフスキーの長編においては常に、《無限の中で》《最終的に》(危機の最後の瞬間に)行なわれる、つまり**カーニバル的・聖史劇的**な時空の中で行なわれるのである。(三五七ページ)

この箇所は『ラブレー論』の成果を踏まえ晩年に書き加えられたものだろう。『ラブレー論』では古代以来の民衆宗教のカーニバル的な時空や、祝祭的な笑いの文化の開放性が論じられていた。たとえばカーニバル的な祝祭を物語に移したかのようなラブレーの作品では、身体の「下層」(食欲や排泄や性に関わる側面)の肯定的な機能が強調されている。カーニバルでは下層身体が生命を生み出し世界を更新する機能が祝福され、教会や国家の公式文化が利用する宇宙的な恐怖を吹き飛ばす。カーニバル的な笑いは一挙に差別を超えてしまう。笑いが世界全体を無条件で肯定し、「全民衆的」自由がゆきわたる。

バフチンによれば、西洋にはカーニバル的な文化を反映した文学ジャンルの伝統があった。一六世紀のラブレーはその一つの頂点をなす。その後この伝統は衰退に向かうが、ドストエフスキーはこれを引き継ぎ、世界をカーニバル化する新たな言語の使用法を創造した。ドストエフスキーの小説は近代知識人のニヒリズムを主題化して取り上げる「思想小説」だ。しかし、他方、民衆文化のカーニバル的率直さから多くを得てもいる。

カーニバル化は、大きな対話の開かれた構造を作り出すことを可能にした。すなわち従来は主として単一かつ唯一のモノローグ的な意識が、つまり（例えばロマン主義におけるように）単一不可分で自己増殖的な精神が支配していた精神と知の領域の中に、人間の社会的な相互関係を持ち込むことを可能にしたのであった。カーニバル的世界感覚の助けがあればこそ、ドストエフスキーは倫理的および認識論的な独我論を克服できるのである。自分自身とのみ取り残された人間は、自らの精神生活のもっとも深奥の内面的な領域においてさえ、ものごとに決着をつけるということができず、他者の意識なしにすますことはできない。人間は、自分自身の内側だけでは、けっして完全な充足を見出すことができないのである。／カーニバル化はさらに、ある限定された時代の個人生活のごく限られた一場面を、きわめて普遍的で全人類的な**聖史劇の一場面**にまで押し広げることも可能にしてくれる。（三五六ページ）

†世界の多元性を祝福する

ドイツ語に親しみが深かったバフチンは、著作活動の初期にマルティン・ブーバーに強い影響を受けた。だが、バフチンは対話的なものの理念を宗教思想論の形で展開したり、形而上学的あるいは宗教哲学的な用語で定式化することに向かわず、日常言語の使用法に注目した。文学作品を取り上げつつ、発話者と他者との関係という言語実用論的水準で対話の理論を練り上げようとした。バフチンにとって、宗教的な理念を背景とした小説こそ現代のモノローグ的意識を突き破る言語使用の希望のジャンルだった。

バフチンは近代哲学・思想の限界を超え、身体性から遊離しない意識様態の支えの下で、世界の多元性を祝福する（世界の多元性に祝福される）人間のための文化理論を目指した。ポリフォニーや対話的世界感覚の理念は、新たな宗教理解と不可分だ。ニヒリズムに抗う思考のスタイルとして、また自他の間の深淵を見すえた言語＝宗教理論の礎石として、今後、バフチンの方法と業績は多面的に活用されていくだろう。

文献目録　引用の際もとにした文献をゴシック体で表記した

I　宗教学の先駆け

空海『中公クラシックス　三教指帰ほか』（福永光司訳）中央公論新社、二〇〇三年
福永光司編『日本の名著3　最澄・空海』中央公論社、一九七七年
渡辺照宏・宮坂宥勝校注『日本古典文学大系七一　三教指帰・性霊集』岩波書店、一九六五年
森本公誠『人類の知的遺産22　イブン＝ハルドゥーン』講談社、一九八〇年
イブン＝ハルドゥーン『歴史序説』一〜四（森本公誠訳）岩波文庫、二〇〇一年
加藤周一編『日本の名著18　富永仲基・石田梅岩』中央公論社、一九七二年
石浜純太郎・水田紀久・大庭脩校注「翁の文」、家永三郎他校注『日本古典文学大系九七　近世思想家文集』岩波書店、一九六六年
水田紀久・有坂隆道校注『日本思想大系四三　富永仲基・山片蟠桃』岩波書店、一九七三年
宮川康子『富永仲基と懐徳堂——思想史の前哨』ぺりかん社、一九九八年
デイヴィッド・ヒューム『宗教の自然史——ヒューム宗教論集I』（福鎌忠恕・斎藤繁雄訳）法政大学出版局、一九七二年

デイヴィッド・ヒューム『自然宗教に関する対話――ヒューム宗教論集II』(福鎌忠恕・斎藤繁雄訳) 法政大学出版局、一九七五年
デイヴィッド・ヒューム『奇蹟論・迷信論・自殺論――ヒューム宗教論集III』(福鎌忠恕・斎藤繁雄訳) 法政大学出版局、一九八五年

II

彼岸の知から此岸の知へ

アーサー・O・ラヴジョイ『存在の大いなる連鎖』(内藤健二訳) 晶文社、一九七五年
イマニュエル・カント『カント全集10　たんなる理性の限界内の宗教』(北岡武司訳) 岩波書店、二〇〇〇年
イマニュエル・カント『道徳形而上学原論』(篠田英雄訳) 岩波文庫、一九六〇年
イマニュエル・カント『実践理性批判』(波多野精一他訳) 岩波文庫、一九七九年
フリードリッヒ・シュライエルマッハー『宗教論――宗教を軽んずる教養人への講話』(高橋英夫訳) 筑摩書房、一九九一年
シュライエルマッヘル『宗教論』(佐野勝也・石井次郎訳) 岩波文庫、一九四九年
フリードリッヒ・ニーチェ『道徳の系譜――一つの論駁書』(木場深定訳) 岩波文庫、一九四〇年
フリードリッヒ・ニーチェ『善悪の彼岸――未来の哲学のための序曲』(竹山道雄訳) 新潮

文庫、一九五四年
フリードリッヒ・ニーチェ『アンチクリスト——キリスト教呪詛』(西尾幹二訳)潮文庫、一九七一年
渡邊二郎編『ニーチェ・セレクション』平凡社、二〇〇五年

III

近代の危機と道徳の源泉

ジェイムズ・フレイザー『金枝篇』五冊(永橋卓介訳)岩波文庫、一九五一、二年
W・ロバートソン・スミス『セム族の宗教』二冊(永橋卓介訳)岩波文庫、一九四一、三年
マックス・ウェーバー『プロテスタンティズムの倫理と資本主義の精神』(大塚久雄訳)岩波文庫、一九八九年
マックス・ウェーバー『宗教社会学』(『経済と社会』第二部第五章)(武藤一雄他訳)創文社、一九七六年
マックス・ウェーバー『宗教社会学論選』(大塚久雄訳)みすず書房、一九七二年
ジークムント・フロイト『フロイト著作集　第三巻　文化論』(高橋義孝他訳)人文書院、一九六九年
ジークムント・フロイト『フロイド選集6　文化論』(土井正徳訳)日本教文社、一九五三年

ミル・デュルケム『宗教生活の原初形態』上・下（古野清人訳）岩波文庫、一九四一―二年

Ⅳ　宗教経験と自己の再定位

ウィリアム・ジェイムズ『宗教的経験の諸相――人間性の研究』上・下（桝田啓三郎訳）、岩波文庫、一九六九―七〇年
姉崎正治『法華経の行者 日蓮』講談社学術文庫、一九八三年
姉崎正治『法華経の行者 日蓮』隆文館、一九一六年
Anesaki, Masaharu, *Nichiren, the Buddhist Prophet*, Harvard University Press, 1916
姉崎正治『復活の曙光』有朋館、一九〇四年
マルティン・ブーバー『我と汝・対話』（植田重雄訳）岩波文庫、一九七九年
マルティン・ブーバー『ブーバー著作集5　かくれた神』（三谷好憲他訳）みすず書房、一九六八年
ハーバート・フィンガレット『論語は問いかける――孔子との対話』（山本和人訳）平凡社、一九八九年
ハーバート・フィンガレット『孔子――聖としての世俗者』（山本和人訳）平凡社、一九九九

四年

V　宗教的なものの広がり

柳田国男『桃太郎の誕生』角川文庫、一九五一年
柳田国男『柳田国男全集6秋風帖・女性と民間伝承・桃太郎の誕生』筑摩書房、一九九八年
ヨハン・ホイジンガ『ホモ・ルーデンス――人類文化と遊戯』(高橋英夫訳)、中公文庫、一九七三年(初刊、一九六三年)
ヨハン・ホイジンガ『ホモ・ルーデンス――文化のもつ遊びの要素についてのある定義づけの試み』(里見元一郎訳)河出書房新社、一九七一年
ミルチャ・エリアーデ『エリアーデ著作集第一巻　太陽と天空神　宗教学概論I』『エリアーデ著作集第二巻　豊饒と再生　宗教学概論II』『エリアーデ著作集第三巻　聖なる空間と時間　宗教学概論III』(久米博訳)せりか書房、一九七四年
ミルチャ・エリアーデ『永遠回帰の神話――祖型と反復』(堀一郎訳)未来社、一九六三年
五来重『増補　高野聖――庶民仏教をささえた聖たち』角川書店、一九七五年
五来重『高野聖』角川書店、一九六五年

形としての宗教

チャード・ニーバー『アメリカ型キリスト教の社会的起源』（柴田史子訳）ヨルダン

一九八四年

モーリス・レーナルト『ド・カモ――メラネシア世界の人格と神話』（坂井信三訳）せりか書房、一九九〇年

レヴィ・ブリュル『未開社会の思惟』二冊（山田吉彦訳）岩波文庫、一九五三年

エリク・H・エリクソン『幼児期と社会』１・２（仁科弥生訳）、みすず書房、一九七七、八〇年

ゲルショム・ショーレム『ユダヤ神秘主義』（山下肇・石丸昭二・井ノ川清・西脇征嘉訳）法政大学出版局、一九八五年

井筒俊彦『コーランを読む』岩波書店、一九八三年

Ⅶ　ニヒリズムを超えて

カール・ヤスパース『哲学とは何か』（林田新二訳）白水社、一九七八、八六年

カール・ヤスパース『哲学入門』（草薙正夫訳）新潮文庫、一九五四年

ジョルジュ・バタイユ『呪われた部分――普遍経済学の試み』（生田耕作訳）二見書房、一九七三年
ジョルジュ・バタイユ『呪われた部分――有用性の限界』（中山元訳）ちくま学芸文庫、二〇〇三年
ジョルジュ・バタイユ『エロティシズム』（酒井健訳）ちくま学芸文庫、二〇〇四年
ジョルジュ・バタイユ『至高性――呪われた部分』（湯浅博雄・中地義和・酒井健訳）人文書院、一九九〇年
ジョルジュ・バタイユ『宗教の理論』（湯浅博雄訳）人文書院、一九八五年、ちくま学芸文庫、二〇〇二年

ルネ・ジラール『暴力と聖なるもの』（古田幸男訳）法政大学出版局、一九八二年

湯浅泰雄『身体論――東洋的心身論と現代』講談社学術文庫、一九九〇年
湯浅泰雄『身体――東洋的心身論の試み』創文社、一九七七年
Yuasa, Yasuo *The Body: Toward an Eastern Mind-Body Theory*, State University of New York Press, 1987

ミハイル・バフチン『ドストエフスキーの詩学』（望月哲男・鈴木淳一訳）ちくま学芸文庫、一九九五年
イル・バフチン『ドストエフスキイ論――創造方法の諸問題』（新谷敬三郎訳）冬樹社、

七四年
バフチン『フランソワ・ラブレーの作品と中世ルネッサンスの民衆文化』(川
)せりか書房、一九八五年(初刊、一九七三年)

ちくま新書
744

宗教学《しゅうきょうがく》の名著《めいちょ》30

二〇〇八年九月一〇日　第一刷発行
二〇二〇年九月一五日　第三刷発行

著者　島薗 進（しまぞの・すすむ）

発行者　喜入冬子

発行所　株式会社 筑摩書房
東京都台東区蔵前二-五-三　郵便番号一一一-八七五五
電話番号〇三-五六八七-二六〇一（代表）

装幀者　間村俊一

印刷・製本　株式会社 精興社

ISBN978-4-480-06442-4 C0214

ちくま新書

なぜ無宗教なのか
阿満利麿
日本人には神仏とともに生きた長い伝統がある。それなのになぜ現代人は無宗教を標榜し、特定宗派を怖れるのだろうか？　あらためて宗教の意味を問いなおす。

若者と現代宗教
――失われた座標軸
井上順孝
伝統と歴史の価値が失われる中で、現代人の精神世界はどのように変わっていくのか。オウム真理教やインターネット宗教等も現れ混迷する、宗教の未来を見据える。

615
現代語訳　般若心経
玄侑宗久
人はどうしたら苦しみから自由になれるのか。言葉や概念といった理知を超え、いのちの全体性を取り戻すための手引を、現代人の実感に寄り添って語る新訳決定版。

630
一神教の闇
――アニミズムの復権
安田喜憲
環境破壊を生み出す畑作牧畜文明に対して、稲作漁撈文明は調和型文化を築いた。循環型システムを構築し、自然と平和を再生するハイテク・アニミズム国家の可能性。

654
歴史学の名著30
山内昌之
世界と日本を知るには歴史書を読むのが良い。とはいえ古典・大著は敷居が高い。そんな現代人のために古今東西の名著から第一人者が精選した、魅惑のブックガイド。

655
政治学の名著30
佐々木毅
古代から現代まで、著者がその政治観を形成する上でたえず傍らにあった名著の数々。選ばれた30冊は混迷を深める時代にこそますます重みを持ち、輝きを放つ。

718
社会学の名著30
竹内洋
社会学は一見わかりやすそうで意外に手ごわい。でも良質の解説書に導かれれば知的興奮を覚えるようになる。30冊を通して社会学の面白さを伝える、魅惑の入門書。